历代诗词分类鉴赏之七

图文本

友谊·亲情

海内存知己

hainei cunzhiji

周啸天 等 编著

凤凰出版传媒集团 凤凰出版社

图书在版编目(CIP)数据

海内存知己:友谊·亲情/周啸天等编著. —南京:凤凰出版社,2009.9

(历代诗词分类鉴赏)

ISBN 978-7-80729-402-3

Ⅰ.海… Ⅱ.周… Ⅲ.古典诗歌—鉴赏—中国 Ⅳ.I207.2

中国版本图书馆 CIP 数据核字(2009)第 158103 号

书　　名	海内存知己——友谊·亲情
编　　著	周啸天等
责任编辑	李相东
美术编辑	姜　嵩
出版发行	凤凰出版传媒集团 凤凰出版社(原江苏古籍出版社) 南京市中央路 165 号　邮编 210009 发行部电话 025—83223462
集团网址	凤凰出版传媒网　http://www.ppm.cn
照　　排	南京紫藤制版印务中心
印　　刷	南京通达彩印有限公司 南京市六合区冶山镇　邮编:211523
开　　本	718×1005 毫米　1/16
印　　张	11.5
字　　数	207 千字
版　　次	2009 年 9 月第 1 版　2009 年 9 月第 1 次印刷
标准书号	ISBN 978-7-80729-402-3
定　　价	22.00 元

(本书凡印装错误可向承印厂调换,电话:025—57572508)

卷首语

在人类历史上，最通用的惩罚是监禁；而感化罪犯最有效的途径，则是亲友的探视。这从一个方面说明，对人来说，亲情和友谊是多么重要。

亲情，指的是直系亲属姊妹兄弟间的血缘纽带，这种感情是天然亲和的，是无条件的。“永痛长病母，五载委沟豀”，“有弟皆分散，无家问死生”——此千古之伤心事也。故“人人”必始于“亲亲”。

有些话你不能对父母讲，不能对配偶讲，可以和朋友说。海内存知己，天涯若比邻。落地为兄弟，何必骨肉亲。多一个朋友多一条路，少一个冤家少一堵墙。

亲情友谊推广的价值，在一“和”字。历史的教训表明，窝里斗，与人斗，都是没有前途的。而倡导以人为本，建设和谐社会，则非常正确，非常光荣，非常明智。

接古今之佳作，与亲友而共享，实有助优良传统之发扬，和谐世界之创缔焉。

撰稿人：

周啸天　李坤栋

(以下按姓氏笔画排名)

丁　颖　丁稚鸿　王　飞　王　涛　吴闻莺　张应中　李坤栋

李亮伟　陈　坦　罗　玲　易可情　唐　彦　殷志佳　秦岭梅

郭扬波　梅　红　董志刚　管遗瑞　滕伟明

目录

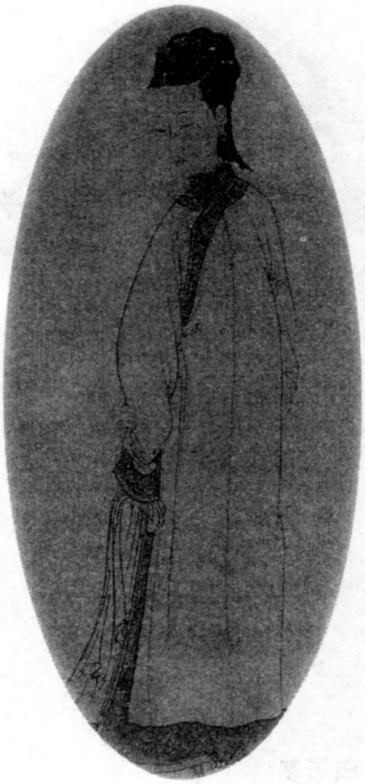

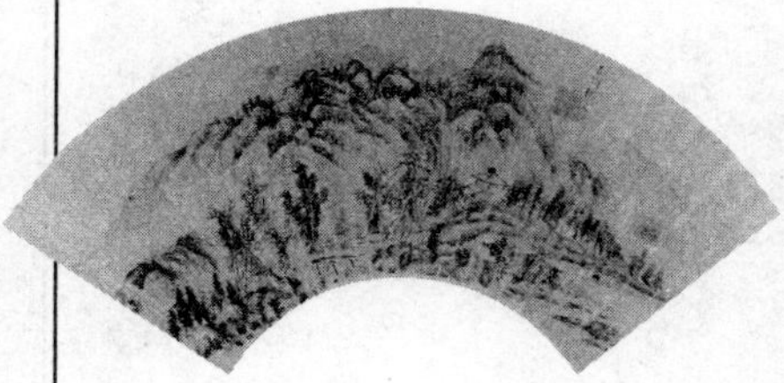

小雅·常棣

◎《诗经》

常棣之华，鄂不韡韡(wěi)。凡今之人，莫如兄弟。

死丧之威，兄弟孔怀。原隰裒(póu)矣，兄弟求矣。

脊令在原，兄弟急难。每有良朋，况也永叹。

兄弟阋(xì)于墙，外御其务。每有良朋，烝(zhēng)也无戎。

丧乱既平，既安且宁。虽有兄弟，不如友生。

傧(bīn)尔笾(biān)豆，饮酒之饫(yù)。兄弟既具，和乐且孺。

妻子好合，如鼓瑟琴。兄弟既翕(xī)，和乐且湛。

宜尔室家，乐尔妻帑(nú)。是究是图，亶(dǎn)其然乎。

《诗经》，我国最早的诗歌总集，本称《诗》，汉时独尊儒术，始称《诗经》。共收西周初年至春秋中叶的民歌和朝庙乐章歌辞305篇，另有笙诗6篇有目无诗。全书按音乐分风、雅、颂三类（一说分风、小雅、大雅、颂四体）。汉代传《诗》者有齐、鲁、韩、毛四家，今传《诗经》为《毛诗》。

这是一首宴兄弟、劝友爱的诗。首章以棠棣之花比兴，这种花两三朵为一簇，光辉灿然，花萼相依，象征兄弟感情的亲密。“凡今之人，莫如兄弟”，即为血浓于水之义。

以下三章，列举了三种情况下兄弟手足之情：一是死亡威胁时，兄弟彼此团结，生死以之；二是遇到灾难时，兄弟义无反顾地急救；三是面临外侮，兄弟同心协力抵抗。诗人选择典型情境、常人难能的情事来表现兄弟感情，并且以普通的友谊来类比，见出兄弟之情的深厚、精纯，发自深衷，出自天然。当然，兄弟间也难免有些矛盾，但不是根本利害的冲突，外侮当前，这些矛盾就搁置下来，立即一致对外。

第五章将平时和非常时刻作对比。在非常时刻，兄弟互相救援，而朋友作壁上观；在平时则兄弟反而疏远，不如朋友之间打得火热。这情况虽则悖谬，也是常见的世态人情，一经拈出，便耐人寻味。

最后三章反复赞美兄弟聚会的和乐，写家宴陈列了许多食品，大家吃喝得那么开心，夫妻、兄弟亲密无间，共享天伦之乐。这表明兄弟和睦是家庭和睦的基础。兄弟和，则室家安；室家安，则妻孥乐。钟惺评："说得委曲深至，要哭要笑只是一个真(字)。"(《诗经直解》引)

注：常棣：即棠梨树，常通"棠"。鄂：通"萼"。不：萼蒂。韡韡：光明貌。威：通"畏"。裒：聚集。脊令：水鸟，即鹡鸰。况：通"贶"，赐给。阋：争斗。务：通"侮"。烝：久。戎：帮助。傧：陈列。笾豆：竹、木食具。孺：亲近。翕：和睦。帑：通"孥"，子。亶：信。

录余冠英语译如下：

常棣的花儿，花蒂都有光彩。如今一般的人，谁像兄弟相待。

死丧的威胁，兄弟最是关心。众人聚在原野，兄弟往来相寻。

鹡鸰困在陆地，兄弟赶来救难。往往有些良朋，相赠只有长叹。

兄弟在家相争，同心抵抗外侮。往往有些良朋，长期没有帮助。

乱事平定之后，日子过得安宁。这时虽有兄弟，又不如朋友相亲。

陈列竹碗木碗，饮宴心足意满。兄弟今日团聚，互相亲热温暖。

夫妻父子相亲，就像琴瑟谐调。兄弟今日和睦，永远欢乐和好。

"使你全家相安，妻儿都能快乐。"好好体会力行，这话真是不错！

赠从弟

（东汉）◎ 刘　桢

亭亭山上松，瑟瑟谷中风。风声一何盛，松枝一何劲！冰霜正惨凄，终岁常端正。岂不罹凝寒，松柏有本性。

刘桢（？—217），字公干，东汉东平（今属山东）人。建安七子之一。汉末为曹操丞相掾属，以不敬获罪，后免罪署为小吏。有明辑本《刘公干集》。

刘桢为人有傲骨，据《典略》载，一次曹丕宴请诸文士，席间命夫人甄氏出拜，座中众人皆伏，独桢平视，恼了作阿翁的曹操，差点砍他的头。《赠从弟》三首，分别用萍藻、松柏、凤凰比喻坚贞高洁的品格，是对从弟高风亮节的赞美，也是诗人的自我写照。“亭亭山上松”是组诗第二首，也是三首诗中最好的一首。

松柏以其耐寒而长青，从古以来为人称颂，作为秉性坚贞、不畏艰险的象征。孔子当年就曾满怀敬意地赞美它——“岁寒然后知松柏之后凋也”。

读这首诗要注意它前半部分的唱叹，一句只说了个“松”，二句只说了个“风”，三句再说风声是多么的盛，四句再说松枝是多么的劲挺。由此，境界立见。松——风——风——松，这种回文似的咏叹，形象地写出了“道高一尺，魔高一丈”式的较量，非常有味，进而为下文说理作好准备。“冰雪正惨凄，终岁常端正”，是三、四句的强调和推广，即松不但战胜寒风，也战胜冰雪。末二句再以“岂不罹凝寒”一问提唱，以引出“松柏有本性”——即全诗结穴。

诗以咏物的形式，而归结于人品“端正”，“其在人也，如松柏之有心也，故贯四时不改柯易叶”（《礼记》）。所谓本性，其于人也，就是要有所持守，贫贱不移也。钟嵘在《诗品》中称赞刘桢诗“真骨凌霜，高风跨俗”，风格正来自人格也。

送应氏

（魏）◎曹　植

步登北邙坂，遥望洛阳山。洛阳何寂寞，宫室尽烧焚。垣墙皆顿擗，荆棘上参天。不见旧耆老，但睹新少年。侧足无行径，荒畴不复田。游子久不归，不识陌与阡。中野何萧条，千里无人烟。念我平常居，气结不得言。

曹植（192—232），字子建，曹操子。汉末建安中封平原侯，徙封临淄侯，以才学为曹操所重，几欲立为太子。魏立，于文帝、明帝两朝备受猜忌，怀志难伸，郁郁而终。五言诗以笔力雄赡、辞采华美见长。有宋辑本《曹子建集》，今有《曹植集校注》。

建安十六年（211），作者随父西征马超，路过洛阳，适逢应玚、应璩兄弟将有北方之行，写下此送行之作。原两首，本篇写洛阳遭董卓之乱后的残破景象，其二抒惜别之情。

中平六年（189）灵帝死，大将军何进和袁绍、袁术等密召董卓带兵来京城洛阳剪除宦官。卓兵未至，何进因谋泄被诛。董卓进京后立陈留王为献帝，控制中央政权。初平元年（190）关东州郡结成联盟，起兵讨伐董卓，董卓遂焚掠洛阳，迁都长安。时隔20年后曹植来到洛阳，洛阳还处在一片废墟之中。本篇真实反映了董卓之乱造成的灾难，抒发了作者伤时念乱之情。

北邙山本是汉代公卿贵族死后的埋骨之地，常常引起人们的感伤情绪，何况遥望昔日繁华似锦的故都，如今已化为灰烬，更增感伤。“不见”二句写物换人移，有不胜今昔之慨。“侧足”句以下，复从久别回乡的洛阳游子的角度，将上述悲慨引向深入。无论就对洛阳的感情和熟悉程度而言，外人都不如洛阳人感受深切。有这一段抒写，本篇既不同于《芜城赋》，也不同于一般的怀古幽情，而是深切的现实感伤。因为应氏曾家洛阳，故一般认为诗中所谓“游子”，系代应氏立言。

本篇重点放在描写遥望洛阳的荒芜残破，纯出白描手法；最后带出游子，归结到题面上来。全诗自然流走，一气直下，没有起承转合的章法，于不经意中表现出亲身的感受和忧国忧民的情怀，此汉魏诗所以为高也。

赠白马王彪

（魏）◎曹 植

黄初四年五月，白马王、任城王与余俱朝京师，会节气。到洛阳，任城王薨。至七月，与白马王还国。后有司以二王归藩，道路宜异宿止，意毒恨之。盖以大别在数日，是用自剖，与王辞焉。愤而成篇。

谒帝承明庐，逝将归旧疆。清晨发皇邑，日夕过首阳。伊洛广且深，欲济川无梁。泛舟越洪涛，怨彼东路长。顾瞻恋城阙，引领情内伤。太谷何寥廓，山树郁苍苍。霖雨泥我涂，流潦浩纵横。中逵绝无轨，改辙登高岗。修坂造云日，我马玄以黄。

玄黄犹能进，我思郁以纡。郁纡将何念，亲爱在离居。本图相与偕，中更不克俱。鸱枭鸣衡轭，豺狼当路衢。苍蝇间白黑，谗巧令亲疏。欲还绝无蹊，揽辔止踟蹰。

踟蹰亦何留？相思无终极。秋风发微凉，寒蝉鸣我侧。原野何萧条，白日忽西匿。归鸟赴乔林，翩翩厉羽翼。孤兽走索群，衔草不遑食。感物伤我怀，抚心常太息。

太息将何为？天命与我违。奈何念同生，一往形不归。孤魂翔故域，灵柩寄京师。存者忽复过，亡没身自衰。人生处一世，去若朝露晞。年在桑榆间，影响不能追。自顾非金石，咄唶令心悲。

心悲动我神，弃置莫复陈。丈夫志四海，万里犹比邻。恩爱苟不亏，在远分日亲。何必同衾帱，然后展殷勤？忧思成疾疢，无乃儿女仁！仓促骨肉情，能不怀苦辛？

苦辛何虑思？天命信可疑。虚无求列仙，松子久吾欺。变故在斯须，百年谁能持？离别永无会，执手将何时？王其爱玉体，俱享黄发期。收泪即长路，援笔从此辞。

这也是一首悲愤诗，所谓“尺布斗粟”之谣，可与“七步诗”并读。写作背景具见诗序：魏文帝黄初四年（223）五月，曹植和胞兄任城王曹彰、异母弟白马王曹彪一起进京城洛阳参加“迎气”的例会。在京城期间，曹彰蹊跷地死了（据《世说新语》说是因为曹丕忌惮其骁勇而投毒的缘故）。七月朝会完毕，曹植本与白马王曹彪顺路同行，中途（李善注题一作《于圈城作》）命下，遂为监国使者灌均制止。曹植敢怒而不敢言，遂在分手时写了这首诗，与彪赠别。诗中抒发了身为亲王而实际遭受残酷的政治迫害，与兄弟死别生离的情况下的悲愤心情。

全诗大体章自为韵，逐章转意，章与章间以顶真的修辞蝉联，如此看来实为六章，除首章十八句，四章十四句，其余各章均为十二句。旧本均作七章，许是因为首章较长，被分作了两章吧。然两章同韵，同写旅途跋涉，反不蝉联，殊乖义例；又一章十句，二章八句，句数更见参差。因此改作六章。

一章（“谒帝承明庐”）写离别洛阳时的依恋之情及旅途劳顿。“首阳”即首阳山，距洛阳区区二十里，却从清晨到日夕，整整走了一天，一路何得如此迁延？据《三国志·魏书·文帝纪》载：“是月（六月）大雨，伊洛溢流，杀人民，坏庐宅。”知“伊洛广且深，欲济川无梁。泛舟越洪涛，怨彼东路长”，“霖雨泥我涂，流潦浩纵横”，皆纪实之笔。这样的天气行路，即非伤心之人，心情也会变坏，何况心绪本来就很坏呢？

二章（“玄黄犹能进”）写被迫将与白马王彪宿止异路的悲愤心情。清人吴淇说：“先是二王初出都，未有异宿止之命。出都后群臣希旨云云，中途命下，而灌均第始不许二人同路。”（《六朝选诗定论》）——故诗中说“本图相与偕，中更不克俱”。又以不祥的鸱枭、凶残的豺狼和龌龊的苍蝇来比喻魏文帝周围的一群小人，骂他们“谗巧令亲疏”。然而“灌均等之不许同路，实出文帝意旨”（吴淇）。

三章（"踟蹰亦何留"）写初秋原野萧条，触景伤心。音响凄切的寒蝉、气息奄奄的落日、振羽投林的飞鸟、衔草索群的孤兽，组成一幅交织着哀愁、凄厉、孤独、寂寞气氛的图景，达到了融情入景的境地。清人陈祚明说："此首景中有情甚佳，凡言情至者须入景，方得动宕。若一于言情，但觉絮絮，反无味矣。"（《采菽堂古诗选》）

四章（"太息将何为"）写由任城王彰的暴死而引起的人生恐惧。"存者忽复过，亡没身自衰"二句，刘履认为句中"存者"与"亡没"应互掉，谓死者复过而存者亦衰，言之成理。

五章（"心悲动我神"）强作宽解之词，并安慰白马王彪。先作豪言壮语，正所谓强颜欢笑，并不能一破愁城。但它表现出诗人情感的挣扎和挣扎的无益，所以末了仍忍不住说："仓促骨肉情，能不怀苦辛？"（这里"丈夫志四海，万里犹比邻"、"忧思成疾疢，无乃儿女仁"等语，为唐初王勃《送杜少府之任蜀川》所祖）予夺之间有唱叹之妙。

六章（"苦辛何虑思"）进而怀疑神仙天命，归结到珍慎自保作结。一股抑郁不平之气，回肠荡气，经久不息。

权力是个奇妙的东西，它可以维持社会的秩序，造福于人。然而不加制约，权力就会异化，就会变成专制和腐败。权力的异化的一个极端的表现，就是导致骨肉相残，越是靠近权力的人，就越先尝到苦果。自汉文帝致死淮南王，民间歌云："一尺布，尚可缝，一斗粟，尚可舂，兄弟二人不能相容。"不知有多少帝王家事，落在这首歌讽刺的范围内。曹植为曹丕猜忌，即有七步之诗。《旧唐书·太宗纪》论玄武门之变："方惧毁巢之祸，宁虞尺布之谣？"李白《上留田行》云："高风绵邈，颓波激清，尺布之谣，塞耳不能听。"本篇则是当事人自抒苦闷的长篇，更有认识意义。

本篇篇幅宏肆，笔力非凡，直开杜甫《咏怀》、《北征》以及联章体五古（如前、后《出塞》）之先河。方东树曰："此诗气体高峻雄深，直书见事，直书目前，直书胸臆，沉郁顿挫，淋漓悲壮，遂开杜公之家。"（《昭昧詹言》）细味全诗六章，本可相对独立成诗，诗人巧妙地用辘轳体的形式把它们组织起来，以前章的结尾做起下章的开头，这个唱叹式的开头，就取消了章的独立性，而使全诗合成一个有机的整体，而又极饶唱叹之音。同时这种章法和句法也具有浓郁的民歌风味。全诗虚实相间，情景交融，诗中叙事、写景、抒情相互穿插辉映，借景抒情，取得了兴发感动的艺术效果。另外，诗中运用多种修辞手法，如比喻、烘托、陪衬等，使全诗具有鲜明的形象性。全诗感情悲怆而笔力刚劲，颇具时代特色，称得上是建安诗中划时代的丰碑。

野田黄雀行

（魏）◎曹 植

高树多悲风，海水扬其波。利剑不在掌，结友何须多。不见篱间雀，见鹞自投罗？罗家得雀喜，少年见雀悲。拔剑捎罗网，黄雀得飞飞。飞飞摩苍天，来下谢少年。

这是一篇寓言诗。首二句以兴起，“高树多悲风，海水扬其波”是一种虚拟的景物描写，因为全诗内容与大海实无联系。既然是兴起，多少就有些象征的意义。前人以为“树高多风”（树大招风），“海大扬波”（张玉谷《古诗赏析》），“风波以喻险恶”（朱乾《乐府正义》），是有一定道理的，两句渲染出悲凉的气氛，构成全诗的基调。

“利剑不在掌，结友何须多”为全篇立意所在。它表明作者的现实处境不妙，而诗的作意与结友有关。陈祚明所谓“此应自比黄雀，望救于人，语悲而调爽；或亦有感于亲友之蒙难，心伤莫救”（《采菽堂古诗选》）。作为贵介公子，曹植是十分喜好交游的，如其知交丁仪兄弟一度甚得曹操信任，然而曹操病故后，曹丕继位魏王，为了剪除曹植羽翼，立即就把丁氏兄弟杀了。丁氏兄弟曾多方求救，无济于事。曹植本人自身难保，也就只能眼睁睁看着他们延颈就戮。“利剑不在掌，结友何须多”，正是这种现实处境和心情的真切反映。

“不见篱间雀”到篇末八句，以“不见”二字一气贯注，以象喻意，拟物于人，讲述了一个关于迫害和反迫害的寓言故事。其中角色有四：一为雀——喻受害者；一为鹞，一为罗家——喻加害者；一为少年——喻路见不平，拔刀相助，为人排难解纷者。“罗家得雀喜，少年见雀悲”二语，绘声绘色以作对比，于平叙中自然转折，改变了雀的命运，因势一结——“拔剑捎罗网，黄雀得飞飞。飞飞摩苍天，来下谢少年”，这天真有味的一结化沉重为轻快，悠然如春风之微歇。但故事中的少年这一角色，乃出于虚构，“现实中没有，就造一个”（乔治桑语），此之谓浪漫手法。因为此种无可奈何的浪漫的虚构，所以全诗仍以悲凉为基调。

这首诗的特色表现在以动物故事作寓言。曹植有一系列以动物为题的诗赋，如《蝙蝠赋》、《神龟赋》、《鹦鹉赋》、《白鹤赋》、《鹞雀赋》等，《鹞雀赋》写鹞欲取雀，雀向鹞求饶而不得，结果依一枣树得以幸免，即与本篇寓意近似。这种手法本出《诗经》，但汉魏诗中已经少见，曹植这类作品也就引人注目。

此诗运用汉乐府民歌常见的手法，如反诘——“不见篱间雀，见鹞自投罗”，如接字，即顶真——“见鹞自投罗——罗家得雀喜”，“黄雀得飞飞——飞飞摩苍天”，全诗语言平易，节奏明快，也就更接近民歌了。

此诗还工于起调，即起句能创造出奇警雄浑的境界，产生一种涤荡心脾的感受。王夫之《古诗评选》对曹植的四十余篇乐府诗评价不高，独于此诗十分欣赏，不为无因。

重赠卢谌

（晋）◎刘 琨

握中有悬璧，本自荆山璆。惟彼太公望，昔在渭滨叟。邓生何感激，千里来相求。白登幸曲逆，鸿门赖留侯。重耳任五贤，小白相射钩。苟能隆二伯，安问党与仇？中夜抚枕叹，想与数子游。吾衰久矣夫，何其不梦周？谁云圣达节，知命故不忧？宣尼悲获麟，西狩涕孔丘。功业未及建，夕阳忽西流。时哉不我与，去乎若云浮。朱实陨劲风，繁英落素秋。狭路倾华盖，骇驷摧双舟。何意百炼刚，化为绕指柔！

刘琨（271—318），字越石，西晋中山魏昌（今河北无极东北）人。初任司隶从事，为“二十四友”之一。累官司徒左长史，封广武侯。晋怀帝立，出任并州刺史，与匈奴刘渊、羯人石勒等抗争数年。晋愍帝立，拜大将军。后败于石勒，为鲜卑人段匹磾所害。有明辑本《刘越石集》。

卢谌是作者的姨甥，又曾任其僚属，作者先有诗《答卢谌》，故此诗曰“重赠”。此诗的写作背景是：愍帝建兴四年（316）冬，作者败于羯族的石勒，晋阳沦失，遂投奔幽州刺史段匹磾，为段疑忌，系身囹圄，自分必死，诗即作于狱中。诗题为“赠”，乃对亲知者畅抒幽愤之作。

从篇首至“想与数子游”共十四句为咏史寄意，即以古人君臣遇合反形己之不遇于时，略同左思咏史先述史事的做法。关于此节，向有误解，应予澄清。一是张玉谷谓首二句“即以悬璧比卢才质之美”，今人多用其说，颇觉牵强。按“握中有悬璧，本自荆山璆”二句，与紧接的“惟彼太公望，昔在渭滨叟”对举成文，实以和氏璧故事隐喻国士亦有待于发现也，从而兴起姜子牙遇周文王事（典出《史记·齐太公世家》）。以下“邓生何感激”二句，咏邓禹追随汉光武帝事。据《东观汉纪》，邓是从南阳北渡黄河到邺城，不远千里投奔汉光武帝刘秀。此言国士亦须择主而事，故有千里相投之举。

“白登幸曲逆”二句，咏陈平（后封曲逆侯）、张良助刘邦脱险的故事。据《史记·陈丞相世家》，刘邦被匈奴围于白登山，赖平奇计得脱；张良曾助刘邦在鸿门宴上转危为安，事见《史记·项羽本纪》。此言国士在关键时刻发挥作用，即疾风知劲草也。

“重耳任五贤”二句，言明君唯才是举，无论亲疏。按，狐偃、赵衰等五人先从晋文公重耳流亡，复佐其成霸业，事见《左传·晋公子重耳之亡》及《史记·晋世家》；管仲先事公子纠，以箭射伤公子小白，后小白即位即齐桓公，不记射钩之仇，任其为相，终成霸业，事见《史记·齐太公世家》。以上姜太公等人事迹虽有不同，但共同的地方是都能遇到明主，都曾发挥作用，故令作者思之羡杀，愿从其游。而《晋书》本传谓“琨诗托意非常，摅畅幽愤，远想张、陈，感鸿门、白登之事，用以激谌”，说诗人自比当时处境如刘邦之在鸿门与白登，而以张良、陈平望卢谌，是何断章取义，又何不近情理！如当时事尚可为，如此曲为之喻，又无乃太迂！

从“吾衰久矣夫”到“去乎若云浮”十句，以孔子的话来浇自己心中块垒。《论语·述而》载孔子曾叹息自己年老力衰，不能成就功业：“子曰：‘甚矣吾衰也，久矣，吾不复梦见周公。’”“圣达节”是《左传》成语，谓圣人安分（原文为“圣达节，次守节，下失节”）。“知命故不忧”语出《周易·系辞》（原文为“乐天知命故不忧”）。据《春秋》，鲁哀公十四年西狩获麟，孔子叹曰“吾道穷矣”，遂绝笔。诗人从小熟读经史，这些早就知道的故事，从没有像今天这样感受深刻。因为他对功业未就、时不我待的悲痛有了切身的体会。

从“朱实陨劲风”到篇末六句以博喻抒发命运遭到颠覆的悲痛。一是说自己像繁花和果实遭受秋天的劲风打击摧残，二是说自己好像在狭路上翻了车，受惊的马把车辕折断，三是说自己英雄失路好像经过百炼的金属（应劭《汉官仪》“金取坚刚，百炼不耗”），居然软得可以绕指如同面条一般，好不令人气短！

诗前半部分叠咏史事，用古人君臣遇合故事反形己之不遇；接着就以孔子之叹息正面托出己意；后几句再迭用比兴作渲染，集中抒发胸中积郁。由咏史到抒怀，过渡十分自然，将英雄气短之慨抒发得淋漓尽致。较左思咏史，虽属同一路数，却别具情态。

责子

（晋）◎ 陶渊明

白发被两鬓，肌肤不复实。虽有五男儿，总不好纸笔。阿舒已二八，懒惰故无匹。阿宣行志学，而不爱文术。雍端年十三，不识六与七。通子垂九龄，但觅梨与栗。天运苟如此，且进杯中物。

陶渊明（365—427），一名潜，字元亮，晋宋间浔阳柴桑（今江西九江西南）人。东晋名臣陶侃曾孙，一生三仕三隐，于彭泽令任内弃官归里，隐居田园，遂不复仕。于宋文帝时卒，友人私谥曰靖节先生。有《陶渊明集》。

为父之任，以严以慈，渊明有之。

渊明早年无子，曾有“三千之罪，无后为急”之念。约35岁时，方得长子俨。舐犊情深，俨方三四岁时，渊明即述祖德以训教之，并为之命名字，取《礼记》“毋不敬，俨若思”之意，名曰俨，字曰求思，乃勉其为人须端庄、温和、恭敬，又以追慕子思之意，冀其成才。事见《命子》诗，可想渊明对后人的殷切期望。望子成才是人之常情，但渊明乃达人，乐天知命，故于《命子》诗之末尾，也表现了并不强求的意思。读者知渊明前有《命子》诗，便不难乎理解后之《责子》之作了。

俨之后，渊明又得四男：俟、份、佚、佟。五男小名依次为舒、宣、雍、端、通。《责子》即以小名称之。写作该诗时，渊明已五十余岁。该诗亦体现了渊明严、慈的父爱。“白发”二句，言己已老。以“白发”开端，恰似十六年前盼子嗣所云“顾惭华鬓”之语，而“白”的程度，自有不同。寄望后人之情，意在言外。“虽有”十句，是对五男的评判。以严的标准来要求，五男均不称意。不好学习，是其共同的特征。大儿舒俨十六岁了，仍懒惰无比。二儿宣俟行将十五岁，不喜学问。“志学”指十五岁，《论语·为政》：“吾十有五而志于学。”三儿雍份、四儿端佚十三岁，愚不识数。小儿通佟也快九岁了，一味好吃。“垂”，将近。渊明对五子的责备，运用了夸张、诙谐的笔调，读者不难得出，五男确实算不上聪慧、好学，却也并非真的懒惰、愚钝到如此程度。果真如此懒惰、愚钝，后来渊明何必留下《与子俨等书》——他们理解不了其间之深意。黄山谷《书渊明责子诗后》云：“观渊明此诗，想见其人岂弟（恺悌）慈祥，戏谑可观也。”甚是。

题目曰“责”，责备、批评之意。责备的语气，却是戏谑式的。该严格要求的，渊明早已做了。而子女的成才与否，又并不全由家长之教育决定。个人性分、社会环境等都是重要因素。渊明深知人生“天命”，只得顺其自然罢了。于是结尾道：“天运苟如此，且进杯中物。”袁行霈先生说：“渊明期望于诸子甚高，而诸子非僶俛于学，盖事实也。然渊明并不过分责备之。失望之中，见其谐谑；谐谑之余，又见慈祥。一切顺乎自然，有所求而不强求，求而得之固然好，不得亦无不可。渊明处世盖如是而已。”（《陶渊明集笺注》）今人一味望子成龙者，或概不负责者，当有鉴焉。

别范安成

（梁）◎沈　约

平生少年日，分手易前期。及尔同衰暮，非复别离时。勿言一樽酒，明日难重持。梦中不识路，何以慰相思。

沈约（441—513），字休文，梁吴兴武康（今浙江吴兴）人。少孤贫好学，历仕宋、齐、梁三代。齐时竟陵王萧子良开西邸招士，约为“西邸八友”之一。梁时任尚书仆射，封建昌侯，官至尚书令、太子少傅，卒谥曰隐。为诗讲究声律，首创“四声八病”之说，为齐永明诗体代表人物之一。有明辑本《沈隐侯集》。

沈约与范岫（字安成）同以文才事齐文惠太子，系老交情。

前二句先写少年离别。因各富年华，后会有期，不把离别当回事。接着两句眼前年纪老大，深感来日无多，便有不胜离别之感，同时暗示出不得不离别的意思。四句浅语深衷，包含着真切的人生感受。

更有意味的是五、六句，一跳写到饯宴，通过送行一方对将别一方的敬酒辞，表现了深厚的情谊：“勿言一樽酒，明日难重持。”别小看这杯酒，别易会难，今后聚饮的机会很难有呢。这个劝酒的场面和劝酒辞，直接启发唐人王维，使他写出了“劝君更尽一杯酒，西出阳关无故人”的千古名句。最后二句暗用了《韩非子》中的典故：张敏与高惠为友，每相思不能得见，便于梦中往寻，皆于中道迷路而不得见。用典令人不觉，为全诗留下袅袅不尽的回音。

这首诗如果出现在唐代，是不会引人注目的，然而在六朝却难得。它纯用情语，语浅情深，洗练而浑成。更重要的是音韵的和谐，全诗八句四联，一韵到底，偶句末字押平声韵，奇句末字仄收，句子的声音配合既有规律又有变化，不少句子尤其是偶句，竟已是定型的律句——如“分手易前期”、“及尔同衰暮”、“明日难重持”、“梦中不识路，何以慰相思”等皆标准的律句，就声律而言已是标准的五言律诗。

别 赋

（梁）◎江 淹

黯然销魂者，唯别而已矣！况秦、吴兮绝国，复燕、宋兮千里。或春苔兮始生，乍秋风兮暂起。是以行子肠断，百感凄恻。风萧萧而异响，云漫漫而奇色。舟凝滞于水滨，车逶迟于山侧。棹容与而讵前，马寒鸣而不息。掩金觞而谁御，横玉柱而沾轼。居人愁卧，怳若有亡。日下壁而沉彩，月上轩而飞光。见红兰之受露，望青楸之离霜。巡层楹而空掩，抚锦幕而虚凉。知离梦之踯躅，意别魂之飞扬。

故别虽一绪，事乃万族。至若龙马银鞍，朱轩绣轴，帐饮东都，送客金谷。琴羽张兮箫鼓陈，燕赵歌兮伤美人。珠与玉兮艳暮秋，罗与绮兮娇上春。惊驷马之仰秣，耸渊鱼之赤鳞。造分手而衔涕，感寂寞而伤神。

乃有剑客惭恩，少年报士，韩国赵厕，吴宫燕市，割慈忍爱，离邦去里，沥泣共诀，抆血相视。驱征马而不顾，见行尘之时起。方衔感于一剑，非买价于泉里。金石震而色变，骨肉悲而心死。

或乃边郡未和，负羽从军。辽水无极，雁山参云。闺中风暖，陌上草薰。日出天而耀景，露下地而腾文，镜朱尘之照烂，袭青气之氤氲。攀桃李兮不忍别，送爱子兮沾罗裙。

至如一赴绝国，讵相见期。视乔木兮故里，诀北梁兮永辞。左右兮魂动，亲宾兮泪滋。可班荆兮赠恨，惟樽酒兮叙悲。值秋雁兮飞日，当白露兮下时。怨复怨兮远山曲，去复去兮长河湄。

又若君居淄右，妾家河阳。同琼佩之晨照，共金炉之夕香。

江淹（444—505），字文通，济阳考城（今河南民权）人。少有才思，举秀才，对策上第。历仕宋、齐、梁三代，梁时官至金紫光禄大夫。早年即以文章著名，晚年诗文不进，时谓江郎才尽。有辑本《江文通集》。

君结绶兮千里，惜瑶草之徒芳。暂幽闺之琴瑟，晦高台之流黄。春宫闭此青苔色，秋帐含兹明月光，夏簟清兮昼不暮，冬釭凝兮夜河长！织锦曲兮泣已尽，回文诗兮影独伤。

傥有华阴上士，服食还山。术既妙而犹学，道已寂而未传。守丹灶而不顾，炼金鼎而方坚。驾鹤上汉，骖鸾腾天。暂游万里，少别千年。惟世间兮重别，谢主人兮依然。

下有芍药之诗，佳人之歌。桑中卫女，上宫陈娥。春草碧色，春水渌波，送君南浦，伤如之何！至乃秋露如珠，秋月如圭，明月白露。光阴往来，与子之别，思心徘徊。

是以别方不定，别理千名，有别必怨，有怨必盈。使人意夺神骇，心折骨惊。虽渊、云之墨妙，严、乐之笔精，金闺之诸彦，兰台之群英，赋有凌云之称，辩有雕龙之声，谁能摹暂离之状，写永诀之情者乎！

赋之为体，以展开铺述见长。一般地说，即景、即事抒怀，较宜入诗，而综合性地抒写某一主题，则宜作赋。不为一人一时一事而发，非写某一次具体的离别情事，而要综合性地穷尽一切人间离愁别恨，正是赋家的拿手好戏。

《别赋》段落虽多，大致可分三部分。

从篇首到“意别魂之飞扬”为第一部分，总写别绪的难堪。开篇两句以感叹作大的笼罩，以高度概括性和强烈的抒情性抓住读者的心：“黯然销魂者，唯别而已矣！”紧接着点出别离乃从空间和时间上活生生拉开亲人间的距离：“况秦、吴兮绝国，复燕、宋兮千里”——各自西东、天南地北，“或春苔兮始生，乍秋风兮暂起”——不得相见、动辄经年。然后说到离愁别恨的承受者，总不出两类角色，行者和居人。以下话分两路，“是以行子肠断”十句以移情之笔，写行者（男性角色）临行时百感凄恻、风云为之色变的种种情态；“居人愁卧”十句更多从主观感受方面，写居人（女性角色）别后独处一室时凄凉寂寞的种种情态。将汉诗以来游子思妇相思之意作了一个概括，所谓“别虽一绪”。以下则铺陈描写各种类型人物的离别

感受，所谓“事乃万族”。

从“故别虽一绪”到“思心徘徊”为第二部分，共七段，分类刻画形形色色人物的黯然销魂的离别。首写富贵者的生离，“帐饮东都，送客金谷”用《汉书》疏广由太子太傅年老乞归，公卿大夫于长安东都门处设宴送别，及晋代富豪石崇在《金谷诗序》中记其为征西将军王诩送行的故实，概言富贵者之别。尽管送别的筵宴十分盛大，歌舞分外动人（连马、鱼也为之感动），但一到分手时刻，总不免流泪伤心。

次写侠义者的死别，音情转为悲壮慷慨。古代的侠义之士，在忠孝不能两全的情况下，为了感恩报主，本着“士为知己者死”的人生信条，不得已而扔下老亲和妻儿，慷慨赴死。“割慈忍爱，离邦去里，沥泣共诀，抆血相视”，几笔勾勒，就将义士赴死时硬着心肠忍情割爱而义无反顾的复杂心情刻画得入木三分。在铸辞造句上多用《史记·刺客列传》：“韩国”为聂政为报严仲子而刺杀韩相侠累事，“赵厕”为豫让为智伯血恨不惜扮着奴隶入宫涂厕以谋刺赵襄子事，“吴宫”为专诸为吴公子光刺杀王僚即鱼腹藏剑事，“燕市”为荆轲为燕太子丹刺秦王事。“金石震而色变”为秦庭鼓钟并发时秦舞阳失色事，“骨肉悲而心死”为聂政之姊聂嫈于韩市认尸为弟扬名事。

三写从军赴边者的离别。他们要离别春光旖旎的江南，到冰天雪地的塞北，抛下了闺中的娇妻，远离年老的父母，是多么的难堪。“闺中风暖，陌上草薰”、“攀桃李兮不忍别，送爱子兮沾罗裙”，写景中饱含情事，而送别的场景安排在春天，则是别有意味的。

四写远赴绝国者的别离，出使者、宦游者、流浪汉即属此类。古有“班荆（布荆草以席地而坐）道故”的成语，此以写饯宴，场景安排在秋天。

五写闺中对远人的相思。丈夫在外结绶为官，少妇自叹青春独处，“织锦”“回文”用前秦秦州刺史窦韬被徙沙漠，其妻苏蕙织锦为回文诗以寄赠的故事。

六写学道成仙者的别离。本来学道之人是看破红尘，遁入深山，“守丹灶而不顾，炼金鼎而方坚”的，然而当其升仙之时，在云端与家人拱手言别，竟也不能无动于衷。据《神仙传》载，魏人修芊于华阴山下石室中食黄精，后不知所往；《列仙传》载，王子晋成仙三十余年后约家人在缑（gōu）氏山头，子晋乘鹤举手谢世人，数日后离去。此二事为赋所本。

七写恋人之别。这一段中熔铸了《诗经》、《楚辞》胜语而成文，“芍药之诗”是用《诗经·溱洧》，“桑中卫女”是用《诗经·桑中》，“春草碧色，春水渌波，送君南浦，伤如之何”是用《九歌·河伯》“子交手兮东行，送美人兮南浦”，都用得很自然，又很含蓄，有一种渊涵不尽之致。

从“是以别方不定”到篇末是第三部分，是全赋的总结归纳。“是以别方不定”几句，将形形色色的离别归结起来，回应篇首的“黯然销魂者，唯别而已矣”。“虽渊、云之墨妙”几句，极言摹写离愁别恨之难，表面上像是不了了之，给人意犹未尽之感，却正好收到了言有尽而意无穷的效果。所以这一结尾之笔显得万毫齐力，与开篇阔大的笼罩笔力相称。这里“渊”指王褒（子渊），“云”指扬雄（子云）；“严”、“乐”指汉代著名文人严安、徐乐；“金闺”即金马门，为汉官署，亦为著作之庭；“兰台”为汉宫中藏书之地；“凌云”为武帝对司马相如《大人赋》的赞语；“雕龙”为齐人对驺奭雄辩文章的赞语。

《别赋》在遣词造句、语言风格上并用风骚，在格局上仿效《七发》，叙写的对象虽然是一般性的别离，但它取材于社会现实，内容丰富多彩，并在分门别类的描写中写出了一般中的特殊，极富个性化色彩，其中不少内容具有那个离乱时代的特征，反映了人们普遍渴望安定、热爱人生的美好愿望和情感。

江淹本人历仕三代，有过下狱、贬官、流徙的经历，赋中也包含着他对人生的真切体验，所以才具有如此兴发感动的力量。全赋词章富丽高华，而文笔极为流畅。前者见其学富，后者方见其积累之有素与才思之敏捷。尤为可贵的是，作者在用典和藻饰的同时，间有富于诗意的白描，并把民歌的语言融入辞章，故文气贯通，有云行水流之致，既华丽好看抑扬动听，又有自然清新之感。

重别周尚书

（北周）◎庾　信

阳关万里道，不见一人归。唯有河边雁，秋来南向飞。

周弘正于梁元帝时为左户尚书，后仕陈朝，奉使长安（时西魏已入北周），陈文帝天嘉三年（562）南还，庾信先已有诗相赠，此诗为续作，故题“重别”。以周弘正在梁的旧职称周“尚书”，不仅是表示恋旧之情，而且无视陈朝禅梁的事实，即不承认其合法性。

前二句叙事，形象地概括周陈通好之前，南北隔绝的政治态势。以“阳关”代指北周，犹下诗以“玉关”指西魏一样，表达了诗人身在长安，有如汉人身在塞外的感觉。由于南北对立，由南入北的人，曾经没有一个能够回去。由此可见，周弘正的返陈，在当时是怎样重大的一条新闻。后二句写景，简笔勾勒出万里长空雁南飞的河上寥廓的秋景，而以“唯有”二字点意，对上文“不见一人归”是一个有力的反衬，可见人不如雁，慨何如之？其次，大雁南飞，对于周尚书的南归又是一个形象的隐喻，寄托着诗人的羡慕之情。最后，在万里阳关大道的背景衬托下，远飞的大雁又成为一个自由的象征，反映了历史上南北分裂时期人民渴望打破信息阻绝、交通阻绝现状的心情。

以小见大，以少总多，是绝句艺术奥秘所在。庾信的这首五绝和下一首五绝在艺术上非常成熟，开唐人五绝艺术的先河。

庾信（513—581），字子山，北周南阳新野（今属河南）人。庾肩吾子。梁时任湘东王萧绎（即梁元帝）国常侍、安南参军，迁尚书度支郎中、通直正员郎，出为郢州别驾。出使东魏还朝，任东宫学士，领建康令。侯景攻建康，兵败，出奔江陵。萧绎称帝，任右卫将军，封武康县侯，加散骑常侍，出使西魏。值西魏攻陷江陵，杀梁元帝，因羁留长安，被迫历仕西魏、北周。北周时曾迁骠骑大将军、开府仪同三司、司宪中大夫，进封义城县侯。北周末因病去职，卒于隋初。有明辑本《庾开府集》。

寄王琳

（北周）◎ 庾 信

玉关道路远，金陵信使疏。独下千行泪，开君万里书。

庾信本为梁侍臣，出使西魏，值西魏攻陷江陵，杀梁元帝，信因而留长安，被迫仕西魏。王琳为梁室忠臣，后死于难。此诗当是诗人在长安收到王琳寄书后所作。

前二句以“玉关”和“金陵”（梁旧都建业）对仗，分别代指西魏和梁朝，以“玉关”代指长安，暗用班超久在异域“但愿生入玉门关”的语意，以表作者的故国之思；“道路远”而“信使疏”，不仅表现了诗人对故国的翘首和怀念，以及对故国政局动荡的不安和忧虑，而且是对远方来信的珍贵先作铺垫。后二句专写收信展读时百端交集的心情，“千行泪”对“万里书”，极见来信的不易和收信时心情的激动，诗人抑止不住“千行泪”，是对自己屈仕敌国而痛心疾首，是勾起国破家亡的哀痛，还是因为老友仍然顾念失节的旧人？三字中包含的思想感情相当复杂，大大增加了这首绝句的感情容量。

五言绝句在当时是一种新兴的诗体，而庾信则是继谢朓之后的一位高手。全诗言简意长而对仗工稳，由于感情相当充沛，将琢句的痕迹冲刷干净，读之只觉真切动人。

折杨柳枝歌

◎ 北朝乐府

门前一树枣，岁岁不知老。阿婆不嫁女，那得孙儿抱。

兴语以枣子双关“早子”，与后文抱孙之说关合得妙。不说自己苦恼，反说是为阿婆作想，自然诙谐。

北朝乐府，北朝民歌多半是北魏以后的作品，陆续传到南方，由梁代的乐府机关保存。与南朝乐府相比，北朝民歌口头创作居多，以谣体为主，数量较南朝民歌为少，而内容较为开阔，艺术表现则较为质朴刚健。

折杨柳歌辞(录二)

◎ 北朝乐府

其　一

遥望孟津河，杨柳郁婆娑。我是虏家儿，不解汉儿歌。

本篇当是一首汉译的北歌。诗最有意味的是后面的两句，“我是虏家儿，不解汉儿歌”，似是强调胡汉语言的隔膜。然而稍为细心点就会发现，所谓“不解”，是仅就歌辞而言，而音乐，是天国的语言，真正的“世界语”。诗人是说：看啦，孟津河边杨柳绿了，汉儿们又在折柳送别，他们唱的歌词，我们胡人不懂，但他们吹奏的笛曲，蛮够意思哩。

其　二

健儿须快马，快马须健儿。跸跋黄尘下，然后别雄雌。

起两句是回环赞语，写骏马与健儿的相得益彰。然赞马终是赞人，骏马崇拜结穴在英雄崇拜也。后二句以挑战口吻，说要在沙场或赛场一见高低，充满英风豪气。诗中表现了北人剽悍的个性和尚武的精神，令人耳目一新。这样的作品在当时南朝乐府和文人诗中是见不到的，直到唐代边塞诗兴起，这样的快语豪情才屡见于诗。所以“河朔之气”应是唐代边塞诗的发脉之一。

送 兄

（唐）◎ 七岁女子

别路云初起，离亭叶正飞。所嗟人异雁，不作一行归。

七岁女子(？—？)，佚名，武则天时人。

魏庆之《诗人玉屑》卷二十云："唐如意中，有女子七岁能诗，则天令赋之，皆应声而就。其兄别之，则天令作诗送兄，曰……"综合后人之说法，大概情形是，这个七岁女孩是南海（今广州）人，因能诗被武则天召见。她由兄长送至京城，则天令赋诗，果然名不虚传。女孩被留下，其兄别之，则天令作诗送兄，即有此作。

这篇"命题作文"的成功，主要有两个原因：一是女孩情感真实，正需要表达；二是意象运用恰切，极为自然、典雅。

这次兄妹相别，恐怕并非像当时文人那样在都城之外驿道旁边长短亭中送别，因此，环境、景物都是女孩设想的。如何设想得贴切？这个女孩不简单，懂得根据与兄相别时的节候（秋季），运用与之相切合的经典意象，恰如其分地表达自己的真情实感。读者知道，武则天如意年号时间极短，只有五个月，为692年农历四月至八月。女孩送兄，又是在这几个月的后期，所以女孩没有用通常的春草杨柳之类的意象，因为那些景象不相符合。前二句，用了别路、云起、离亭、叶飞意象，描绘送别场景，渲染离情。"路"称"别路"，"亭"称"离亭"，离别的情味，弥漫在字里行间。原来前人、时人于这两个意象已蕴情深厚，如王勃"别路余千里"，宋之问"就日离亭近，弥天别路长"等，女孩随手拈来，以托己意。离情别意在女孩的心中生发、翻动，兴象浮现，于是有了"云初起"、"叶正飞"，表现心境的不平静和离别亲人的失落感。怆别情景，如在目前。王勃诗"……万里念将归。况属高风晚，山山黄叶飞"意象，女孩亦似有化用。云起叶飞的秋天景象，又为后面用"雁"意象，留足了空间。后二句，将人与雁作对比，慨叹人不如雁，雁南飞，排成行列，一同归去，而人却不能。兄独归去，自己留下，妹兄二人心中之苦，即此传出。

七岁女子，能够如此圆熟、恰切地运用离别的经典意象传情达意，不仅有才情，而且具学识。《增定评注唐诗正声》郭濬感叹云："何物女子，有此典雅！"《唐诗选脉会通评林》赞美其"语切送兄，意纯气老"，正代表了读者普遍的感受。

送杜少府之任蜀川

（唐）◎王 勃

城阙辅三秦，风烟望五津。与君离别意，同是宦游人。海内存知己，天涯若比邻。无为在歧路，儿女共沾巾。

王勃（650—676），字子安，唐绛州龙门（今山西河津）人。初唐四杰之一。祖父王通为隋末大儒。高宗麟德三年（666）应制科，对策高第，拜朝散郎。沛王李贤召为府修撰，以戏檄英王鸡被斥出府。总章二年（669）入蜀漫游，诗文大进。咸亨四年（673）求补虢州参军，因匿杀官奴获罪，遇赦除名。上元二年（675）秋赴交趾省父，次年秋渡海落水，惊悸而卒。有清蒋清翊《王子安集注》。

诗人从长安送姓杜的朋友到蜀中任职，写下了这首送别诗。“少府”是唐人对县丞的称谓，这表明了杜某出任的官职。题中“蜀川”或作“蜀州”（今四川崇州），按唐置蜀州在王勃去世十年后（686），故不当作“蜀州”。“蜀川”，泛指蜀地。

有人说首句的“城阙”指成都，而《文苑英华》这句一作“城阙俯西秦”，据此可知“城阙”实指长安。“城阙辅三秦”在句法上属倒装，意即长安以三秦（项羽灭秦曾三分关中之地而治之，代指关中）为辅。“风烟望五津”亦属倒装，意即望五津（蜀地从都江堰至犍为一段岷江的五个渡口）风烟。一句点送行地点，一句点杜少府之去向。两句虽未及送别，但通过对举两地风光，以“望”字一点，便写出了行者踌躇上路，前路风烟迷茫的状况，道出了送者一片依依惜别之情。

“宦游”指离乡在外做官。而在唐时人们心目中，在京供职和外任有很大差别。从长安到边远的蜀地，杜少府不免感到悲凉。诗人王勃非常体贴朋友的心情，他轻轻抹去那“不同”，而强调彼此的“同”——“与君离别意，同是宦游人”。强调自己对朋友心情的理解，这一点很重要，由于富于人情味，因而富于感染力。

动之以情，会使人感到慰藉，却不免低调；喻之以理，更能使人为之振作，所以诗人讲了两句豪言壮语：“海内存知己，天涯若比邻。”这里点化曹植《赠白马王彪》“丈夫志四海，万里犹比邻”诗意。曹诗偏于大丈夫应以四海为家这一层意思，此诗强调志同道合的朋友在心理上的亲近，在道义上的互相支持和鼓舞，颇有创意。所谓“德不孤，必有邻”（《论语》）。因而这两句诗句也成为对崇高友谊的赞颂，为人传诵。

在高调之后，复出以款语叮咛：“无为在歧路，儿女共沾巾。”诗人与杜少府皆仕宦中人，虽是惜别，又何至于像少年男女分手时那样儿女情多，哭哭啼啼。两句略寓戏谑的口吻，振动一下空气，舒缓一下气氛，使诗意不至于太严肃太凝重；它像乐章中一个舒缓的尾声，情味深长。

“悲莫悲兮生别离”。南朝文人江淹在《别赋》中历叙各种离别情事后，满有把握地结论道：“是以别方不定，别理千名，有别必怨，有怨必盈。”唐代诗人往往和前人唱反调：“青山一道同云雨，明月何曾是两乡”（王昌龄）、“莫愁前路无知己，天下谁人不识君”（高适）等等，与“海内存知己，天涯若比邻”是同一基调，读后使人胸怀宽广，态度乐观。这显然是那个长期繁荣统一的大时代所赐。而在送别诗中首先举首高歌、指出向上一路的，却不得不推这首《送杜少府之任蜀川》。

赠苏绾书记

（唐）◎ 杜审言

知君书记本翩翩，为许从戎赴朔边？红粉楼中应计日，燕支山下莫经年。

杜审言是初唐著名作家，“文章四友”之一。他与沈、宋同时，而更具个性，恃才傲物近于放诞。曾大言“吾文章当得屈宋作衙官，吾笔当得王羲之北面”，又曾嘲戏前往探病的宋之问等说：“甚为造化小儿相苦，尚何言！然吾在，久压公等。今且死，但恨不见替人也。”（《新唐书·本传》）可见其自负。

这是一首送朋友赴边，并拿他打趣的诗。“书记”本是苏绾的官职，诗中兼用曹丕《与吴质书》“元瑜书记（文体）翩翩，致足乐也”的赞语，贴切浑成。诗人只就莫辜负闺中相思着想，以“红粉楼”与“燕支山”巧妙映带，风趣幽默，有浓厚的人情味和亲切感。

杜审言（645—708），字必简，祖籍襄阳（今属湖北），父迁居洛州巩县（今河南巩县）。高宗咸亨元年（670）登进士第，其后任隰城尉，累转洛阳丞。武后圣历元年（698），坐事贬吉州司户参军。旋授著作佐郎，迁膳部员外郎。神龙元年（705）因谄附张易之兄弟流放峰州，不久召还，授国子监主簿，加修文馆直学士。有宋本《杜审言集》。

送梁六自洞庭山

（唐）◎张　说

巴陵一望洞庭秋，日见孤峰水上浮。闻道神仙不可接，心随湖水共悠悠。

张说（677—730），字道济，一字说之。原籍范阳（今河北涿州），世居河东（今山西永济），迁家洛阳（今属河南）。武则天永昌中，中贤良方正科第一。历仕武则天、中宗、睿宗、玄宗四朝，玄宗时为中书令、封燕国公，后为集贤院学士、尚书右丞相。与许国公苏颋齐名，时称“燕许大手笔”。有《张说之集》。

这是一首在君山送别朋友的诗。

“盛唐诗人惟在兴趣，羚羊挂角，无迹可求。故其妙处莹彻玲珑，不可凑泊，如空中之音，相中之色，水中之月，镜中之象，言有尽而意无穷”(《沧浪诗话》)。离了具体作品，这话似玄乎其玄；一当联系实际，便觉精辟深至。且以这首标志七绝进入盛唐的力作来解剖一下吧。

这是作者谪居岳州（即巴陵，今岳阳）的送别之作。梁六为作者友人潭州(今湖南长沙)刺史梁知微，时途经岳州入朝。洞庭山(君山)靠巴陵很近，所以题云“自洞庭山”相送。诗中送别之意，若不从兴象风神求之，那真是“无迹可求”的。

谪居送客，看征帆远去，该是何等凄婉的怀抱(《唐才子传》谓张说“晚谪岳阳，诗益凄婉”)？“天涯一望断人肠”(孟浩然)，首句似乎正要这么说。但只说到“巴陵一望”，后三字忽然咽了下去，成了“洞庭秋”，纯乎是即目所见之景了。写景不渲染、不着色，只是简淡，然而它能令人联想到“袅袅兮秋风，洞庭波兮木叶下”(《楚辞·湘夫人》)的情景，如见湖上秋色，从而体味到“巴陵一望”中“目眇眇兮愁予”的情怀。这不是景中具意么？只是“不可凑泊”，难以寻绎罢了。

气蒸云梦、波撼岳阳的洞庭湖上，有一座美丽的君山，日日与它见面，感觉也

许不那么新鲜。但在送人的今天看来，却是异样的。说穿了，就是愈觉其“孤”。否则何以不说“日见‘青山’水上浮”呢？若要说这“孤峰”就是诗人在自譬，倒未见得。其实何须用意，只要戴了“有色眼镜”观物，物必著我之色彩。因此，由峰之孤足见送人者心情之孤。“诗有天机，待时而发，触物而成，虽幽寻苦索，不易得也”（《四溟诗话》），诗人却于有意无意得之。

关于君山传说很多，一说它是湘君姊妹游息之所（“疑是水仙梳洗处”），一说“其下有金堂数百间，玉女居之”（《拾遗记》），这些神仙恍惚之说，使本来实在的君山变得有几分缥缈。“水上浮”的“浮”字，除了表现湖水动荡给人的实感，也微妙传达出这样一种迷离扑朔之感。

诗人目睹君山，心接传说，不禁神驰。第三句遂由实写转虚写，由写景转抒情。从字面上似离送别题意益远，然而，“闻道神仙——不可接”所流露的一种难以追攀的莫名惆怅，不与别情有微妙的关系么？作者同时送同一人作的《岳州别梁六入朝》云：“梦见长安陌，朝宗实盛哉！”不也有同种钦羡莫及之情么？送人入朝原不免触动谪臣之感，而去九重帝居的人，在某种意义上也算“登仙”。说“梦见长安陌”是实写，说“神仙不可接”则颇涉曲幻。羡仙乎？恋阙乎？“诗以神行，使人得其意于言之外，若远若近，若无若有”（屈绍隆《粤游杂咏》），这也就是所谓盛唐兴象风神的表现。

神仙之说是那样虚无缥缈，洞庭湖水是如此广远无际，诗人不禁心事浩茫，与湖波俱远，岂止“神仙不可接”而已。眼前，友人的征帆已“随湖水”而去，变得“不可接”了，自己的心潮怎能不随湖水一样悠悠不息呢？“心随湖水共悠悠”，这个“言有尽而意无穷”的结尾，令人联想到“惟见长江天际流”（李白），而用意更为隐然；叫人联想到“惟有相思似春色，江南江北送君归”（王维），比义却不那么明显。浓厚的别情浑融在诗境中，“如空中之音，相中之色，水中之月，镜中之象”，死扣不着，妙悟得出。借叶梦得的话来说，此诗之妙“正在无所用意，猝然与景相遇，借以成章，不假绳削，故非常情能到”（《石林诗话》）。

胡应麟说：“唐初五言绝，子安（王勃）诸作已入妙境。七言初变梁陈，音律未谐，韵度尚乏……至张说《巴陵》之什（按即此诗），王翰《出塞》之吟，句格成就，渐入盛唐矣。”（《诗薮》）他对此诗所作的评价是公允的。七绝的“初唐标格”结句“多为对偶所累，成半律诗”（《升庵诗话》），此诗则通体散行，风致天然，“惟在兴趣”，全是盛唐气象了。作者张说不仅是开元名相，也是促成文风转变的关键人物，其律诗“变沈宋典整前则，开高岑后娇清规”，亦继往而开来，而此诗则又是唐代七绝由初入盛里程碑式的作品。

暮秋扬子江寄孟浩然

（唐）◎ 刘昚虚

刘昚虚（？—？），字全乙，洪州新吴（今江西奉新）人。开元进士，官校书郎。约卒于天宝年间。《全唐诗》存诗一卷。

木叶纷纷下，东南日烟霜。林山相晚暮，天海空青苍。暝色况复久，秋声亦何长！孤舟兼微月，独夜仍越乡。寒笛对京口，故人在襄阳。咏思劳今夕，江汉遥相望。

从题目看，这首诗是“以诗代书”。诗人从京口（故城在今江苏镇江）附近扬子江暮秋时节的肃杀景象缓缓写起，从迷茫的景色中引出独居越乡的客愁，进而怀想远在湖北襄阳的友人孟浩然。全诗在结构上层层引进，步步深入，读来如友人晤谈，娓娓情深。

全诗大致可分为两个部分。第一部分从开始的“木叶纷纷下”到“独夜仍越乡”，共八句，写秋江暮景和月夜客思。统观全诗，作者似在与京口遥遥相对的靠扬州那面的长江北岸，他独自一人，临江而望，只见经霜后的树叶纷纷下落。“木叶纷纷下，东南日烟霜”两句，是采用因果倒装的手法。因为东南地势低湿，暮秋时节雾多霜大，所以树木的叶子纷纷脱落。这里逆笔取势，有力地突出了“木叶纷纷下”这一具有特定含义的秋景，一下子给读者以黯然伤怀的感觉，并融贯全篇。“木叶纷纷下”是从屈原《九歌·湘夫人》中化来：“嫋嫋兮秋风，洞庭波兮木叶下。”作者在“木叶下”三字中嵌以“纷纷”二字，突出了落叶之多，这正与题目中接近初冬的“暮秋”节候相吻合，“下”字生动、准确而又巧妙。开始两句看似毫不费力，随意写来，然而其中蕴藏着诗人的匠心。接着作者看到，“林山相晚暮，天海空青苍”。傍晚时分，长江两岸林山相依，暮色苍茫；而江天相接，一片青苍。两句中，“相”字使林山与暮色融合无间，显得暮色广阔无边；“空”字又生动地写出了在余晖映照中，江上的空明景象。两岸与江中，迷茫与空明，组成了一幅极其形象的秋江暮景图。

如果说前四句作者只是在不动声色地客观写景，通过景语来暗示情绪，那么到后四句，作者则是把情、景交织在一起来表现，让感情逐渐外露出来。"瞑色况复久，秋声亦何长"，作者临江眺望已久，暮色愈加浓重，只听得江上凄紧的秋风和澎湃的水声，浩大而又苍凉。"瞑色"与"秋声"，从视觉和听觉两个方面使人产生愁绪，而"况复久"、"亦何长"的反复感叹，更说明了这种愁绪的沉重，诗人情感直接表露了出来。"孤舟兼微月，独夜仍越乡"，眺望了很久，才看见月亮从江上升起，水面漂浮着一叶孤舟，此时更激起了作客"越乡"（此是对东南地区的泛指）的孤苦之愁。"微月"，写出月光在江雾笼罩中，一片朦胧的景象，与孤舟相映，把羁旅之思表达得更为强烈；而下句中的"仍"字，说明作者滞留已久，独夜乡愁，难以忍耐，又进一步，下字特为精切。这四句情景交融，在前四句的基础上又深入一层，从中我们可以看出作者感情的逐步变化，为下文勾起无限的故人之思，作了充分的铺垫和酝酿。

第二部分是最后四句，写对襄阳故人孟浩然的深切思念，它是前八句情、景的必然深化，也是全诗的旨趣所在。这四句，作者不断变换角度和手法，把思友之情写得淋漓尽致。"寒笛对京口，故人在襄阳"，作者临江而望已久，由乡愁而引出思友之念，于是他在月下吹起笛子，来抒发对故人思念的情怀。然而这笛声恐怕只有长江对岸的京口听得到，那关山万里、远在湖北襄阳的友人孟浩然怎么可得而闻呢？这两句是从自己方面着笔，来写对襄阳故人的思念。"寒笛"二字，不仅表示夜深天冷，也表明笛声凄咽，其思念故人的愁绪，已见诸言外。同时，作者以京口之近，来反衬襄阳之远，笛声难达，情思难传，思念之中，也透露出怅惘之情。最后两句，"咏思劳今夕，江汉遥相望"，又换了一个角度，从孟浩然对自己的思念着笔，来表现江、汉两地的情思相牵。作者想象着孟浩然今晚也在思念自己，正在不辞劳苦地吟诗，以表达久别后的怀念之情，那分处汉水（襄阳在汉水之侧）和长江两地的友人，都在彼此遥望啊！"咏思劳今夕"，表明了孟浩然的诗人身份，而以写诗来表达相思还透露出文人风雅，特别是一个"劳"字，更体现出孟浩然对自己的思念之切。这是翻进一层的写法，通过写对方对自己的思念，进一步表现出自己对对方的强烈感情，从而表现出双方的深情厚谊，诗情婉曲而深厚。"遥相望"三字，还留下了悠远的余味，诗人好像在说，我们不知何时才能再见面啊！结句余音袅袅，留下了无尽的情思。全诗从写景开始，到情、景交织，再到抒发怀人之情，层层深化而又联系自然，从容不迫而又变化多姿，充分体现了诗人的艺术技巧。此诗是"以诗代书"，它就像一篇文笔优美、感情真挚的短札，读来引人入胜。但是，它比短札还多了一层诗歌所特有的诗情美和声情美。

秋登兰山寄张五

（唐）◎ 孟浩然

孟浩然（689—740），或谓字浩然，襄州襄阳（今属湖北）人。少隐家乡鹿门山，玄宗开元十六年（728）进京应试不第，遂漫游天下，以布衣终老。有《孟襄阳集》。

北山白云里，隐者自怡悦。相望试登高，心随雁飞灭。愁因薄暮起，兴是清秋发。时见归村人，沙行渡头歇。天边树若荠，江畔舟如月。何当载酒来，共醉重阳节。

诗题“兰山”应作万山，山在诗人故乡襄阳西北。张五（或是张八）即张子容，是诗人隐居襄阳时的好友。

前代隐士陶弘景回答皇帝“山中何所有”的问题道：“岭上多白云。只可自怡悦，不堪持赠君。”诗中借用以形容张的悠闲自得。秋晚天空的雁阵，则引起作者对远人的思念。渡头沙滩上星星点点的归人，天边的树影，江畔停放的小船，都加深了这样的情绪。于是，他把聚会的希望寄托于重阳节。

诗语的朴素自然，境界的清幽高远，很能代表孟诗的风格。

夏日南亭怀辛大

（唐）◎ 孟浩然

山光忽西落，池月渐东上。散发乘夕凉，开轩卧闲敞。荷风送香气，竹露滴清响。欲取鸣琴弹，恨无知音赏。感此怀故人，中宵劳梦想。

浩然诗的特色是“遇景入咏，不拘奇抉异”（皮日休），虽只就闲情逸致作轻描淡写，却往往能引人渐入佳境。《夏日南亭怀辛大》是其有代表性的名篇。

诗的内容可分两部分，既写夏夜水亭纳凉的清爽闲适，同时又表达对友人的怀念。“山光忽西落，池月渐东上”，开篇就是遇景入咏，细味却不止是简单写景，同时写出诗人的主观感受。“忽”、“渐”二字运用之妙，在于它们不但传达出夕阳西下与素月东升给人实际的感觉一快一慢，而且夏日可畏而“忽”落，明月可爱而“渐”起，又表现出一种心理的快感。“池”字表明“南亭”傍水，亦非虚设。

近水亭台，不仅“先得月”，而且特别凉爽。诗人沐浴之后，洞开亭户，“散发”不梳，靠窗而卧，使人想起陶潜的一段名言：“五六月中北窗下卧，遇凉风暂至，自谓是羲皇上人。”（《与子俨等疏》）三、四句不但写出一种闲情，同时也写出一种适意——来自身心两方面的快感。

进而，诗人从嗅觉、听觉两方面继续写这种快感：“荷风送香气，竹露滴清响。”荷花的香气清淡细微，所以“风送”时闻；竹露滴在池面其声清脆，所以是“清响”。滴水可闻，细香可嗅，使人感到此外更无声息。宜乎“一时叹为清绝”(沈德潜《唐诗别裁》)。写荷以“气”，写竹以“响”，而不及视觉形象，恰是夏夜中人的真切感受。

“竹露滴清响”，那样悦耳清心。这天籁似对诗人有所触动，使他想到音乐，“欲取鸣琴弹”。琴，这古雅平和的乐器，只宜在恬淡闲适的心境中弹奏。古人弹琴，先得沐浴焚香，摒去杂念。而南亭纳凉的诗人此刻，已自然进入这种心境，正宜操琴。“欲取”而未取，舒适而不拟弹奏，但想想也自有一番乐趣。不料却由“鸣琴”之想牵惹起一层淡淡的怅惘。像平静的井水起了一阵微澜。相传楚人钟子期通晓音律，伯牙鼓琴，志在高山，子期品道：“巍巍乎若太山。”志在流水，子期品道：“汤汤乎若流水。”子期死而伯牙绝弦，不复演奏(见《吕氏春秋·本味》)。这就是“知音”的出典。说到弹琴，即“恨无知音”，有一个时代背景，刘长卿所谓“古调虽自爱，今人多不弹”(《听弹琴》)也。说到“恨无知音”，又自然过渡到怀人的意思上来了。

此时，诗人是多么希望有朋友在身边，闲话清谈，共度良宵。可人期不来，自然会生出惆怅。“怀故人”的情绪一直带到睡下以后，进入梦乡，居然会见了亲爱的朋友。诗以有情的梦境结束，极有余味。

孟浩然善于捕捉生活中的诗意感受。此诗不过写一种闲适自得的情趣，兼带点无知音的感慨，并无十分厚重的思想内容，然而写各种感觉细腻入微，诗味盎然。文字如行云流水，层递自然，由境及意而达于浑然一体，极富于韵味。诗的写法上又吸收了近体音律、形式上的长处，中六句似对非对，具有素朴的形式美，而诵读起来谐于唇吻，又“有金石宫商之声”(严羽《沧浪诗话》)。

送朱大入秦

（唐）◎ 孟浩然

游人五陵去，宝剑值千金。分手脱相赠，平生一片心。

浪迹江湖的人，必须轻装，但有一物却不可缺少，那便是剑。它不仅可以临危时防身，而且可以困厄时济贫。赠剑一般只发生在至交知己之间，成为最友好的一种表示。那种亲切的举动，简直就有“与你同在”的意味。

诗中称朱大为“游人”而不称“故人”，“故人”之意于赠剑事不言自明，而“游人”更强调其浪游者的身份。“五陵”本为汉高祖长陵、惠帝安陵、景帝阳陵、武帝茂陵、昭帝平陵，俱在长安，诗中用作长安的代称。京华之地，是游侠云集之处，“游人”当亦若人之俦。“宝剑值千金”，本为曹植《名都篇》诗句，这里信手拈来，不仅强调宝剑本身的价值，而且有身无长物的意味。这样的赠品，将是何等珍贵，岂可等闲视之！诗中写赠剑，有一个谁赠谁受的问题。从诗题看，本可顺理成章地理解为作者送朱大以剑。而从“宝剑”句紧接“游人”言之，还可理解为朱大临行对作者留赠以剑。在送别时，虽然只能发生其中一种情况，但入诗时，诗人的着意唯在赠剑事本身，似乎已不太注重表明孰赠孰得。

千金之剑，分手脱赠，大有疏财重义的慷慨。由于古代诗文特有的文化背景，读者不难联想到一个著名的故事，那便是“延陵许剑”。《史记·吴太伯世家》载，受封延陵的吴国公子“季札之初使，北过徐君。徐君好季札剑，口弗敢言。季札心知之，为使上国，未献。还至徐，徐君已死，于是乃解其宝剑，系之徐君冢树而去”。季札挂剑，其节义之心固然可敬，但毕竟已成一种遗憾，何若“分手脱相赠”那么痛快！最后的“平生一片心”，语浅情深，似是赠剑时的赠言，又似赠剑本身的含义——即不赠言的赠言。只说“一片心”而不说一片什么心，妙在含浑。它固然不像“一片冰心在玉壶”那样，对情感内容有所规定，却更能激发人海阔天空的联想。那或是一片仗义之心，或是一片报国热情……总而言之，它表现了双方平素的风义相期，所谓“我今不言君自知”。说明而不说尽，所以令人咀嚼，转觉其味深长。

“莫信诗人竟平淡，二分梁甫一分骚”，这是龚自珍论陶潜的名言。浩然性格中也有豪放的一面。唐人王士源在《孟浩然集序》中称他“救患释纷，以立义表”，“交游之中，通脱倾盖，机警无匿”，《新唐书·文艺传》谓其“少好节义，喜振人患难”。那么，这首小诗所表现的慷慨激昂，也就不是偶然的了。

送杜十四之江南

（唐）◎ 孟浩然

荆吴相接水为乡，君去春江正渺茫。日暮征帆何处泊，天涯一望断人肠。

这是一首送别诗。揆之元杨载《诗法家数》“凡送人多托酒以将意，写一时之景以兴怀，寓相勉之词以致意”，如果说这是送别诗常见的写法，那么相形之下，孟浩然这首诗就显得颇为别致了。

诗题一作“送杜晃进士之东吴”。唐时应进士科得第者称“前进士”，而所谓“进士”，实后世所谓举子。看来，杜晃此去东吴，是落魄的。

诗开篇就是“荆吴相接水为乡”（“荆”指荆襄一带，“吴”指东吴），既未点题意，也不言别情，全是送者对行人一种宽解安慰的语气。“荆吴相接”，恰似说“天涯若比邻”，“谁道沧江吴楚分”。说两地，实际已暗关送别之事。但先作宽慰，超乎送别诗常法，却别具生活情味——落魄远游的人不是最需要精神上的支持与鼓励么？这里就有劝杜晃放开眼量的意思。长江中下游地区素称水乡，不说“水乡”而说“水为乡”，意味隽永——以水为乡的荆吴人对漂泊生活习以为常，不以暂离为憾事。这样说来虽含“扁舟暂来去”意，却又不着一字，造语洗练、含蓄。此句初读似信口而出的常语，细咀则其味无穷。若作“荆吴相接为水乡”，则诗味顿时“死于句下”。

“君去春江正渺茫”，承“水为乡”说到正题上来，话仍平淡。“君去”是眼前事，“春江渺茫”是眼前景，写来几乎不用费心思。但这寻常之事与寻常之景联系在一

起，又产生一种味外之味。春江渺茫，正好行船。这是喜“君去”得航行之便呢，还是恨“君去”太疾呢？景中有情在，让读者自去体味。这就是“素处以默，妙机其微”（司空图《诗品·冲淡》）了。

到第三句，撇景入情。朋友刚出发，便想到“日暮征帆何处泊”，联系上句，这一问来得十分自然。春江渺茫与征帆一片，形成一个强烈对比。阔大者愈见阔大，渺小者愈见渺小。“念去去千里烟波”，真有点担心那征帆晚来找不到停泊的处所。句中表现出对朋友一片殷切的关心。同时，揣度行踪，可见送者的心追逐友人东去，又表现出一片依依惜别之情。这一问实在是情至之文。

前三句饱含感情，但又无迹可寻，直是含蓄。第四句则卒章显意：朋友别了，“孤帆远影碧空尽”，送行者放眼天涯，极视无见，不禁心潮汹涌。此句将惜别之情上升到顶点，所谓“不胜歧路之泣”（蒋仲舒评）。“断人肠”点明别情，却并不伤于尽露，原因在于前三句已将此情孕育充分，结句点破，恰如水库开闸，感情的洪流一涌而出，源源不断。若无前三句的蓄势，就达不到这样持久动人的效果。

此诗前三句全出以送者口吻，“其淡如水，其味弥长”，已经具有诗人风神散朗的自我形象。而末句“天涯一望”四字，更勾画出“解缆君已遥，望君犹伫立”（王维《齐州送祖三诗》）的送者情态，十分生动。读者在这里看到的，与其“说是孟浩然的诗，倒不如说是诗的孟浩然，更为准确”（闻一多《唐诗杂论》）。

李颀(690?—754?),河南颍阳(今河南登封)一带人,玄宗开元二十三年(735)登进士第,曾官新乡尉。《全唐诗》存诗3卷。

别梁锽

(唐)◎李　颀

梁生倜傥心不羁,途穷气盖长安儿。回头转眄似雕鹗,有志飞鸣人岂知!虽云四十无禄位,曾与大军掌书记。抗辞请刃诛部曲,作色论兵犯二帅。一言不合龙额侯,击剑拂衣从此弃。朝朝饮酒黄公垆,脱帽露顶争叫呼。庭中犊鼻昔尝挂,怀里琅玕今在无?时人见子多落魄,共笑狂歌非远图。忽然遣跃紫骝马,还是昂藏一丈夫。洛阳城头晓霜白,层冰峨峨满川泽。但闻行路吟新诗,不叹举家无担石。莫言贫贱长可欺,覆篑成山当有时。莫言富贵长可托,木槿朝看暮还落。不见古时塞上翁,倚伏由来任天作?去去沧波勿复陈,五湖三江愁杀人。

李颀诗特别长于人物素描,能于寥寥数笔中为人传神写照。《别梁锽》一诗与一般送别诗不同,主要不是写离情别绪,而是为梁生造像。

从诗中描写的情况看,梁锽是一位穷途落魄而又雄迈不群的豪士,诗的首四句就是这人物的亮相。常言道:"人穷志短,马瘦毛长。"落魄者往往见人矮三分。梁生全不如此:"梁生倜傥心不羁,途穷气盖长安儿。"长安少年素以豪侠闻名,而梁生途穷时,尚有压倒其人的浩然之气,其平素的抱负与为人则不言而喻了。"雕鹗"系两种善搏击凡鸟的猛禽,诗言梁生"回头转眄似雕鹗,有志飞鸣人岂知",以猛禽喻人,取义于不与凡鸟同群,能使人物桀骜不驯的情态跃然纸上。就这样,诗人出手便抓住人物性格特征来写,给读者留下深刻的第一印象:好个梁锽,别看他现在垂翅穷途，一旦“飞鸣”起来，当真能冲天而惊人呢。

以下六句追叙梁锽先前遭遇挫折的经过。这安排于人物亮相以后，便觉笔势矫健不平。“虽云四十无禄位，曾与大军掌书记”，即曾以布衣身份入佐戎幕（唐代的节度使及军帅的幕府中均设掌书记一人，主管军中文书）。然而像他这倜傥不群的人物，非遇知人善任者，是很难一展抱负的。梁生就吃了直率的亏。“抗辞请刃诛部曲，作色论兵犯二帅”两句透露了这样的消息。因为记载事迹不详，关于“抗辞请刃”（抗直地请求主帅给予执行军法的生杀之权）、“作色论兵”（意气激昂地谈论军事）二事的具体情况难以深考，但这类事是容易冒犯权威，招来祸殃的，梁生必然成为平庸上司的眼中钉了。然而他又岂是苟合取容的人！“一言不合龙额侯，击剑拂衣从此弃”。汉代韩说以校尉击匈奴，封“龙额侯”，这里用来借指当时军帅。“合则留，不合则去”，此大丈夫之行径。不就“龙额侯”吗，有什么了不起？“击剑拂衣”四字，何等壮颜毅色！真是“威武不能屈”。以上六句实际上是通过一个典型事件，突出了人物的个性，在全诗中有举足轻重的地位。

紧接八句，写梁锽落魄后的狂放行径。“黄公垆”即黄公酒垆，晋代名士嵇康、阮籍等纵饮场所（《晋书·王戎传》），此处代指酒家。“朝朝饮酒黄公垆，脱帽露顶争叫呼”，真是放浪形骸、不拘礼法。其实又何尝不是一种苦闷的发泄。《世说新语·任诞》谓阮仲容贫，七月七日以竿

挂犊鼻裈于中庭，自称“未能免俗”（当时富家皆于是日晒纱罗锦绮）。“庭中犊鼻昔尝挂，怀里琅玕（美石）今在无”是说昔日贫困，至今仍未脱贫，然梁生又岂是羞贫者！时人不知，“共笑狂歌非远图”——谓这样下去终非长久之计。说到令人气短之际，诗笔又卓然一掉，写道：“忽然遣跃紫骝马，还是昂藏一丈夫。”在遛马这样的生活细节中，不经意地流露出梁生志向未曾消磨，一有机会便跃跃欲试，绝非一蹶不振之徒可知。二句使诗情为之振作，乃诗中夭矫之奇笔。

“洛阳城头晓霜白”以下十句写梁锽在洛阳的困顿，并预言他穷极必变，前程未可限量。“洛阳城头晓霜白，层冰峨峨满川泽”，这是冬天严寒的景色，又是一个象征性的境界。如同“欲渡黄河冰塞川，将登太行雪满山”（李白），正是行路难的时节。古时百斤为担，十斗为石，“生者无担石之储”（《后汉书·明帝纪》），是大可忧心的。然而梁生不作愁苦之态：“但闻行路吟新诗，不叹举家无担石。”按《全唐诗》今存梁锽诗十余首，中有“愿持金殿镜，处处照遗才”（《天长节》）之句。以下六句是诗人的慰问和预言，又似是梁生“新诗”自身含有的意味：“莫言贫贱长可欺，覆篑成山当有时。莫言富贵长可托，木槿朝看暮还落。不见古时塞上翁，倚伏由来任天作？”这里用《淮南子》“塞翁失马”的寓言和《老子》“福兮祸所倚，祸兮福所伏”的名言，说明贫贱与富贵将在一定条件下向对立面转化，贫困不足悲，富贵不足恃。这是达观语，也是宽解语。然而失职贫士心中，毕竟有块垒难消，所以终篇二句谓梁锽即将往游东南，面对三江五湖的烟波，不免生出客子飘零之感。这是题中应有之义，使“别”字有了着落，使诗篇富于同情。

“三军可夺帅，匹夫不可夺志”（《孟子》），此诗成功之处并不在末尾有辩证意味的议论，而在于全诗刻画出了一个失职而不失其志的贫士的风采。诗人通过典型事例的选用和层层渲染，使笔下人物浮雕似的跃然纸上，生动而鲜明，活在后世读者心上。

送魏万之京

（唐）◎李　颀

朝闻游子唱离歌，昨夜微霜初渡河。鸿雁不堪愁里听，云山况是客中过。关城曙色催寒近，御苑砧声向晚多。莫见长安行乐处，空令岁月易蹉跎。

魏万一名颢，是比李颀晚一辈的诗人，曾是李白的崇拜者和追随者。此诗送其上京，当在其未得第前。

首二句中“离歌”即“骊歌”，亦即古逸诗《骊驹》，辞曰“骊驹在门，仆夫具存；骊驹在路，仆夫整驾”，抒写的是离人踌躇上路、依依惜别之情。诗只说“朝闻游子唱离歌”，唤起的正是对这首古逸诗歌词的记忆。次句“初渡河”主语模糊，到底是游子呢，还是微霜？看来是微霜。这种拟人的写法本于杜审言“梅柳渡江春”。先说今朝之别，再回忆昨夜之霜，饱含对游子冲寒上路的关切。

次二句想象途中情景，注意这两句是互文修辞。本来长空雁叫、云山迢递都易使人生愁，更何况游子刚刚离开了热土和亲人！“不堪”与“况”字勾勒好极。秋雁是一个积淀了惜别思乡意蕴的传统意象（曹丕“群燕辞归雁南翔，念君客游思断肠”），云山则含有羁旅况味（韩愈“云横秦岭家何在”），两者引起的定向联想都是思家恋旧。

五、六句就说到目的地——长安，意思却与上文承接：等你到达长安，天气当会更冷，城中居民怕都在捣练制作寒衣了吧。“关城曙色催寒近，御苑砧声向晚多”二句，杨升庵谓出自杜审言“始出凤凰池（中书省），京师易春晚”，云“盖言繁华之地，流景易迈”，极有见地。于是末二句从而勉励之，“轻轻赴题，不作豪情重语”（方东树），而拳拳长者之心，溢于言表。

全诗在诗歌意象的使用上视、听兼收，“离歌”、“鸿雁”、“砧声”是听觉形象，“微霜”、“云山”、“曙色”是视觉形象，按照闻——见、闻——见、见——闻的次第反复交叉写来，形成节奏，给人以丰富的美感。其次是“朝”——“夜”、“曙”——“晚”四字的次第出现，自有妙用，强调岁月不居、时节如流，为末句“空令岁月易蹉跎”张本。

此诗内容和平闲雅，声律响亮，而且多勾勒、照应字面，“朝闻”——“昨夜”、“不堪”——“况是”、“曙色”——“向晚”、“莫见”——“空令”，使人感到一气贯注，乃行古诗章法于近体，所以其风格不是凝重，而是流丽，和崔颢《黄鹤楼》诗同致。

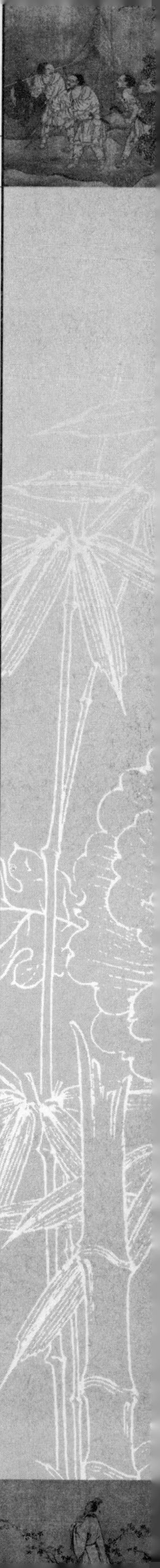

回乡偶书

（唐）◎ 贺知章

贺知章(659—744)，字季真，越州永兴（今浙江萧山）人。武后证圣元年(695)登进士第，授国子四门博士，迁太常博士。玄宗开元十年(722)入丽正殿修书，十三年迁礼部侍郎，后为太子宾客，秘书监。晚号四明狂客。《全唐诗》存诗1卷。

少小离家老大回，乡音无改鬓毛衰。儿童相见不相识，笑问客从何处来。

这首诗写久别归来的游子对故乡的陌生感，包含有很多的沧桑。

人们在年轻时总想离家，而年老时又总想还家。这是一种最普遍的人情。贺知章告老还乡时，已是八十多岁的老翁，算来离开越中（浙江）故乡足有五十余年。所谓“少小离家老大回”，正是直赋其事，“狐死首丘”，“叶落归根”，人也一样，老来思乡之情转切。“乡音无改鬓毛衰”正含有这层意思，决不仅仅是说自己一直操着家乡口音而已。人在外地（哪怕是京城）说着方音，不免时时有异乡为客之感。现在不同了，就要听到熟悉亲切的家乡话了，就要见到故乡亲友了，怎能不激动呢！

下两句所写的场面是富于戏剧性的。当老诗人兴冲冲踏上故土，期待着故乡的亲切慰问的时候，围上来的却是顽皮儿童，争着问他：“你是哪方来的客人啊？”这就是诗人听到的第一句乡音。口音多么熟悉，内容多么生分！说者无心，听者有意，试想一想：一个大半辈子在异乡为客的人，回到家乡发觉自己仍被当做客，他能无动于衷么？儿童们露出的是天真无邪的笑容，老诗人是哭好，还是笑好？

一回乡就遇上儿童，往日的亲友呢？作者在另一诗中写道：“离别家乡岁月多，近来人事半销磨。”人生七十古来稀呀，过去的亲故大都过世了，在故乡举目都是“相见不相识”的儿童和少年。正是“长江后浪推前浪，世上新人换旧人”。诗人心里又该是什么滋味？

《回乡偶书》的妙处就在于抓住生活中偶发事件，有力地写出一种有相当普遍性的生活经验，说透人情。

代白头吟

（唐）◎ 刘希夷

刘希夷（651—?），字庭芝，一作廷芝，汝州（今河南临汝）人。高宗上元二年（675）郑益榜进士。《全唐诗》存诗1卷。

洛阳城东桃李花，飞来飞去落谁家？闺中女儿惜颜色，行逢落花长叹息。今年落花颜色改，明年花开复谁在？已见松柏摧为薪，更闻桑田变成海。古人无复洛城东，今人还对落花风。年年岁岁花相似，岁岁年年人不同。

寄言全盛红颜子，应怜半死白头翁。此翁头白真可怜，伊昔红颜美少年。公子王孙芳树下，清歌妙舞落花前。光禄池台文锦绣，将军楼阁画神仙。一朝卧病无相识，三春行乐向谁边？宛转蛾眉能几时？须臾鹤发乱如丝。但看古来歌舞地，惟有黄昏鸟雀悲。

这是一首感伤诗，诗人怀着生的执著眷恋，对人生无常、青春易逝的客观规律深感无奈。虽代老者立言，却出自青年诗人之手。

前半写洛阳女子感伤落花，抒发人生短促、红颜易老的感慨，本于东汉宋子侯乐府歌辞《董娇娆》："洛阳城东路，桃李生路旁。花花自相对，叶叶自相当。春风东北起，花叶正低昂。不知谁家子，提笼行采桑。纤手摘其枝，花叶何飘扬。请谢彼姝子，何为见损伤？高秋八九月，白露变为霜。终年会飘坠，安得久馨香？秋时自零落，春月复芬芳。何时盛年去，欢爱永相忘。"然而刘希夷变原作之叙述为反复咏叹，或前后易辞申意，或作回文式唱叹，情感更加集中，音调更加楚楚动人。

刘希夷能写出这样的不朽之作，除了时代的加惠，还有身世不偶的原因。才人的不幸与红颜的薄命，两者本有同情。关于此诗的故事甚多，据《本事诗·徵咎》："诗人刘希夷尝为诗曰'今年落花颜色改，明年花开复谁在'，忽然悟曰：'其不祥欤？'复构思逾时，又曰'年年岁岁花相似，岁岁年年人不同'，又恶之，或解之曰'何必其然'，遂两留之。果以来春之初下世。"其事虽近小说家言，其潜在意味，乃在唐人认为此诗是刘希夷用心血和生命写成的。《唐才子传》所载略同，更添枝叶云："舅宋之问苦爱后一联，知其未传于人，恳求之，许而竟不与，之问怒其诳己，使奴以土囊压杀于别舍，时未及三十，人悉怜之。"于此也可见此诗的为时所重。

此诗影响深远，它所创造的红颜薄命的感伤形象，对《红楼梦》作者塑造林黛玉形象大有启发，从而创造了"黛玉葬花"这一经典情节和缠绵悱恻、脍炙人口的《葬花辞》。

芙蓉楼送辛渐

（唐）◎ 王昌龄

寒雨连江夜入吴，平明送客楚山孤。洛阳亲友如相问，一片冰心在玉壶。

王昌龄（698?—757），字少伯，京兆万年（今陕西西安）人。玄宗开元十五年（727）登进士第，授秘书省校书郎。二十二年登博学宏词科，迁汜水尉。二十八年为江宁丞，世称王江宁。旋贬龙标尉，故又称王龙标。安史乱中避乱江淮，为濠州刺史闾丘晓所杀。有《王昌龄集》。

此诗是王昌龄借送行而作的自白，作于江宁丞任上，诗人的好友辛渐正要北上洛阳之际。唐人惯例，亲朋好友离别，送者往往陪送一天路程，在客舍小住一宿，第二天早上正式分手。王昌龄这次就从江宁送辛渐到润州（郡名丹阳，今镇江），辛将由运河取道北上。润州西北城楼叫芙蓉楼，当日饯宴就设在楼上。

润州地处楚尾吴头，在大江南岸，北面有北固山、金山等。前两句的表层意义是雨夜行船送客到润州，已临吴地；第二天早上客即离去，只留下孤独的楚山。“夜入吴”的本来是人，但紧接“寒雨连江”为言，似乎这无边烟雨也是从江宁追到润州来的，这对于别情是重重的一笔烘托。“楚山孤”则更多地带有主观感情色彩，这“孤”主要是心理上的感觉。

一般地讲，好友的突然离去，总会使人产生孤单的感觉；特殊地讲，一个遭遇到不公正待遇的正直的人，在心理上更需要亲友的理解和支持。辛渐的离去，自然会使王昌龄感到特别失落。所以这个“孤”字分量很重，它直接逼出以下的表白。

王昌龄是京兆人，在洛阳亦有亲友，因为辛渐今番前往洛阳，王昌龄当然会有所嘱托。给远方友人一般地捎个口信，只要“平安”二字就行。而王昌龄的口信却很特别：“洛阳亲友如相问，一片冰心在玉壶。”细味这句话，不是问候性，而是表白性的，而且还加上了“如相问”三字，这就耐人玩味了。这两句诗通常被解释作“言已不牵于宦情”（沈德潜），分明是受鲍照“直如朱丝绳，清如玉壶冰”（《代白头吟》）的暗示太深，对王昌龄有点不关痛痒。更普遍的是被引用着表友谊之纯洁，亦不是诗的本意。须知王昌龄当时是贬在江宁，为官方舆论所不容，而他又是一个名气很大的诗人，这无疑更助长了某些流言蜚语的传播。所以辛渐此去洛阳，亲友们一定会向他打听有关情况，所以王昌龄要托辛渐捎一句话。“冰心”一辞见于《宋书》陆徽语（“冰心与贪流争激，霜情与晚节弥茂”），“玉壶”一辞出自鲍诗，两个美好的意象叠加在一起，形成一个冰心玉映的拟人形象。

美的语言也昭示着美的心灵，王昌龄正是以这首诗，得到辛渐的理解、洛阳亲友的理解和千古读者的同情。

送魏二

(唐)◎ 王昌龄

醉别江楼橘柚香，江风引雨入舟凉。忆君遥在潇湘月，愁听清猿梦里长。

诗作于王昌龄贬龙标尉时。送别魏二是在一个清秋的日子，饯宴设在靠江的高楼上，空中飘散着橘柚的香气，环境幽雅，气氛温馨。这一切因为朋友即将分手而变得尤为美好。这里叙事写景已暗挑依依惜别之情。“今日送君须尽醉，明朝相忆路漫漫”(贾至《送李侍郎赴常州》)，首句“醉”字，暗示着“酒深情亦深”。

“方留恋处，兰舟催发”，送友人上船时，眼前秋风瑟瑟，“寒雨连江”，气候已变。次句字面上只说风雨入舟，却兼写出行人入舟；逼人的“凉”意，虽是身体的感觉，却也双关着心理的感受。“引”字与“入”字呼应，有不疾不徐、飒然而至之感，可谓善状秋风秋雨之特点。此句寓情于景，句法字法运用皆妙，耐人涵泳。

按通常做法，后二句似应归结到惜别之情，但诗人却将眼前情景推开，以“忆”字勾勒，从对面生情，为行人虚构了一个境界：在不久的将来，朋友夜泊在潇湘(潇水在零陵县与湘水会合，称潇湘)之上，那时风散雨收，一轮孤月高照，环境如此凄清，行人恐难成眠吧。即使他暂时入梦，两岸猿啼也会一声一声闯入梦境，令他睡不安恬，因而在梦中也摆不脱愁绪。诗人从视(月光)、听(猿声)两个方面刻画出一个典型的旅夜孤寂的环境。月夜泊舟已是幻景，梦中听猿更是幻中有幻。所以诗境颇具几分朦胧之美，有助于表现惆怅别情。

末句的“长”字状猿声相当形象，使人想起《水经注·三峡》关于猿声的描写：“时有高猿长啸，属引凄异，空谷传响，哀转久绝。”“长”字作韵脚用在此诗之末，更有余韵不绝之感。

诗的前半写实景，后半乃虚拟。它借助想象，扩大意境，深化主题。通过造境，“道伊旅况愁寂而已，惜别之情自寓”(敖英评，《唐诗绝句类选》)，“代为之思，其情更远”(陆时雍《诗镜总论》)。

听流人水调子

（唐）◎ 王昌龄

孤舟微月对枫林，分付鸣筝与客心。岭色千重万重雨，断弦收与泪痕深。

此诗大约作于赴龙标（今湖南黔阳）贬所途中，写听筝乐而引起的感慨。

首句写景，并列三个意象：孤舟、微月、枫林。我国古典诗歌中，本有借月光写客愁的传统。而江上见月，月光与水光交辉，更易牵惹客子的愁情。王昌龄似乎特别偏爱这样的情景："忆君遥在潇湘月，愁听清猿梦里长"，"行到荆门向三峡，莫将孤月对猿愁"等等，都将客愁与江月联系在一起。而"孤舟微月"也是写的这种意境，"愁"字未明点，是见于言外的。"枫林"暗示了秋天，也与客愁有关。枫树生在江边，遇风发出一片肃杀之声（"日暮秋风起，萧萧枫树林"），真叫人感到"青枫浦上不胜愁"呢。"孤舟微月对枫林"，集中秋江晚来三种景物，就构成极凄清的意境（这种手法，后来在元人马致远《天净沙》中有最淋漓尽致的发挥），为筝曲的演奏安排下一个典型的环境。此情此境，只有音乐能排遣异乡异客的愁怀了，弹筝者于此也就暗中登场。"分付"同"与"字照应，意味着奏出的筝曲与迁客心境相印。"水调子"（即水调歌，属乐府商调曲）本来哀切，此时又融入流落江湖的乐人（"流人"）的主观感情，怎能不引起"同是天涯沦落人"的迁谪者内心的共鸣呢？这里的"分付"和"与"，下字皆灵活，它们既含演奏弹拨之意，其意味又决非演奏弹拨一类实在的词语所能传达于万一的。它们的作用，已将景色、筝乐与听者心境紧紧钩连，使之融成一境。“分付”双声，“鸣筝”叠韵，使诗句铿锵上口，富于乐感。诗句之妙，恰如钟惺所说：“‘分付’字与‘与’字说出鸣筝之情，却解不出。”（《唐诗归》）所谓“解不出”，乃是说它可意会而难言传，不像实在的词语那样易得确解。

次句刚写入筝曲，三句却提到“岭色”，似乎又转到景上。其实，这里与首句写景性质不同，可说仍是写“鸣筝”的继续。也许晚间真的飞了一阵雨，使岭色处于有无之中。也许只不过是“微月”如水的清光造成的幻景，层层山岭好像迷蒙在雾雨之中。无论是哪种境况，对迁客的情感都有陪衬烘托的作用。此外，更大的可能是奇妙的音乐造成了这样一种“石破天惊逗秋雨”的感觉。“千重万重雨”不仅写岭色，也兼形筝声（犹如“大弦嘈嘈如急雨”）；不仅是视觉形象，也是音乐形象。“千重”、“万重”的复叠，给人以乐音繁促的暗示，对弹筝“流人”的复杂心绪也是一种暗示。在写“鸣筝”之后，这样将“岭色”与“千重万重雨”并置一句中，省去任何叙写、关联词语，造成诗句多义性，含蕴丰富，打通了视听感觉，令人低回不已。

弹到激越处，筝弦突然断了，但听者情绪激动，不能自已。这里不说泪下之多，而换言“泪痕深”，造语形象新鲜。“收与”、“分付与”用字同妙，它使三句的“雨”与此句的“泪”搭成譬喻关系，似言听筝者的泪乃是筝弦收集岭上之雨化成，无怪乎其多了。这想象新颖独特，发人妙思。“只说闻筝下泪，意便浅。说泪如雨，语亦平常。看他句法字法运用之妙，便使人涵泳不尽”（黄生评）。此诗从句法、音韵到通感的运用，都颇具特色，而且都服务于意境的创造，浑融含蓄而非刻露，《诗薮》称之为“连城之璧，不以追琢减称”，可谓知言。

相 思

（唐）◎ 王 维

红豆生南国，春来发几枝？愿君多采撷，此物最相思。

王维（699—761），字摩诘，太原祁（今山西祁县）人，后徙家蒲州（今山西永济西）。玄宗开元九年（721）中进士，任太乐丞，因伶人舞黄狮子坐罪，贬济州司仓参军。二十三年任右拾遗。曾以监察御史出使凉州，为河西节度使幕府判官。二十八年迁殿中侍御史，以选补副使赴桂州知南选。还朝后居终南山。天宝元年（742）改官左补阙，旋居蓝田辋川。十四载迁给事中，翌年为安史乱军所获，拘于洛阳。肃宗至德二载（757），陷贼官六等定罪，以诗获免。乾元元年（758）授太子中允，加集贤学士，迁中书舍人，改给事中。上元元年（760）官尚书右丞，世称王右丞。有《王右丞集》。

唐代绝句名篇经乐工谱曲而广为流传者为数甚多，王维《相思》就是梨园弟子爱唱的歌词之一。据说天宝之乱后，著名歌者李龟年流落江南，经常为人演唱它，听者无不动容。

红豆产于南方，结实鲜红浑圆，晶莹如珊瑚，南方人常用以镶嵌饰物。传说古代有一位女子，因丈夫死在边地，哭于树下而死，化为红豆，于是人们又称呼它为“相思子”。唐诗中常用它来关合相思之情。如温庭筠《新添声杨柳枝词》：“玲珑骰子安红豆，入骨相思知不知？”此诗题一作《江上赠李龟年》，可见诗中抒写的是眷念朋友的情绪。

“南国”（南方）既是红豆产地，又是朋友所在之地。首句以“红豆生南国”起兴，暗逗后文的相思之情。语极单纯，而又富于形象。次句“春来发几枝”轻声一问，承得自然，寄语设问的口吻显得分外亲切。然而单问红豆春来发几枝，是意味深长的，这是选择富于情味的事物来寄托情思。“来日绮窗前，寒梅著花未”（王维《杂诗》），对于梅树的记忆，反映出了客子深厚的乡情。同样，这里的红豆是赤诚友爱的一种象征。这样写来，便觉语近情遥，令人神远。

第三句紧接着寄意对方“多采撷”红豆，仍是言在此而意在彼。以采撷植物来寄托怀思的情绪，是古典诗歌中常见手法，如汉代古诗：“涉江采芙蓉，兰泽多芳草，采之欲遗谁？所思在远道。”即为显例。“愿君多采撷”似乎是说：“看见红豆，想起我的一切；捎信来时，请寄我以红豆。”暗示远方的友人珍重友谊，语言恳挚动人。这里只用相思嘱人，而自己的相思则见于言外。用这种方式透露情怀，婉曲动人，语意高妙。宋人编《万首唐人绝句》，此句“多”字作“休”。用“休”字反衬离情之苦，因相思转怕相思，当然也是某种境况下的人情状态。其辞虽异，情同一怀。“多采撷”犹言“勿忘我”，“休采撷”犹言“忘记我”，表达的都是相思的深情，各有意味。

诗洋溢着少年的热情，青春的气息，句句话儿不离红豆，而又“超以象外，得其圜中”，把相思之情表达得入木三分。它“一气呵成，亦须一气读下”，极为明快，却又委婉含蓄。在生活中，最情深的话往往朴素无华，自然入妙。王维很善于提炼这种素朴而典型的语言来表达深厚的思想感情，语浅情深，所以当时能成为流行名歌。

送元二使安西

（唐）◎王　维

渭城朝雨浥轻尘，客舍青青柳色新。劝君更尽一杯酒，西出阳关无故人。

这是一首送朋友出使边疆地区的诗。这位姓元的朋友名字不详，其行第（同一曾祖所出的兄弟或姊妹之排行）为二，故以“元二”称之，在唐代这样称谓显得亲切。安西是安西都护府的简称，治所在今新疆库车县。唐代习俗，亲友离别，送行者往往陪送一天路程，于客舍小住，次日清晨才正式饯别。唐代长安送别，往西去的，多在渭城进行。渭城即秦都咸阳故城，在长安西北，渭水对岸，相距恰好一天路程（李商隐：“送到咸阳见夕阳”）。看来诗人王维是头一天从长安送元二到渭城，次日在客舍饯别的。

“渭城朝雨浥轻尘，客舍青青柳色新”两句展现了送别的环境。渭城客舍，这是较大的一处送别场所。柳色青青，使人联想到自汉以来的折柳送别的传统习俗。所以诗一开始就把送别气氛渲染得浓浓的。然而这个送别的场景又并不那么愁惨，相反地，风光明媚，境界开朗，使人精神爽快。“朝雨”在这里扮演了一个重要角色。在平日，通往西域的大道车马交驰，熙来攘往，不免尘土飞扬，令人犯愁。而在一场“朝雨”后，路尘不起，天宇澄清，空气分外新鲜，柳色苍翠欲滴，令人感觉十分舒适。朝雨转晴，正宜于行路。这一切都冲淡了别离的愁情。虽然是依依惜别，却不形于感伤低沉，这积极乐观的情调，与“朝雨”这一偶然因素相关；而与当时的时代精神，也有深刻的联系。读者只要联系之前王勃“海内存知己，天涯若比邻”、王昌龄“青山一带同云雨，明月何曾是两乡”、高适“莫愁前路无知己，天下谁人不识君”一类诗句，便可以感受到。

“劝君更尽一杯酒，西出阳关无故人”，接下来诗人并没有展开描写送别的场面，而只撷取饯宴即将结束，诗人对行者的劝酒之辞写来，意味极为深长。它不仅含有“勿言一樽酒，明日难重持”（沈约《别范安成》）那样的感慨，而且还展现出一个富于人情味的饯别场面。“劝君更尽”云云，可见酒过数巡，彼此已经不胜酒力，而殷勤的诗人还要敬对方最后一樽酒。而通常情况下对方不免称醉，饯宴上会出现辞请再三的场面。于是敬酒者不得不寻找一个劝酒的借口，一个合情合理的理由，使对方不得不乐意饮下这杯酒。今人所谓“友情深，一口闷；友情浅，舔一舔”。而“西出阳关无故人”，正是这样一个叫人推诿不得的理由。阳关地处河西走廊的尽头，与北面的玉门关遥遥相对，是出使西域者必经之地，在当时属于边远穷荒之地。王维自己就形容过：“绝域阳关道，胡沙与塞尘。三春时有雁，万里少行人。”（《送刘司直赴安西》）元二可能是初出塞外，当然不可能有亲友在安西。“劝君更尽一杯酒，西出阳关无故人”话虽朴素，但它从行者角度着想由送者口中道来，盛情真挚深厚。仿佛行者喝下这杯酒，就能带走友人的深情厚意，以为异时异地的慰安。今人于席间劝酒，感情难却，往往类此。故诗中场面，千古如新。中唐白居易《对酒》诗云“相逢且莫推辞醉，听唱阳关第四声”，就是借王维诗句抒写眼前类似的送别劝酒的情景。

由于这首诗成功的表现了一种真挚深厚的友情，所以从产生之日开始，它就成了流行的送别歌曲。在后代，“渭城曲”、“阳关曲”遂成为送别歌的代称。刘禹锡《赠歌者何戡》“故人唯有何戡在，更与殷勤唱渭城”，明代郑之升《留别》“无人为唱阳关曲，唯有青山送我行”等名句中提到的“渭城（曲）”、“阳关曲”，便是指王维《送元二使安西》。后人对作为歌曲的那两个名称，远比对原诗题目为熟悉。这一事实本身也耐人寻味，它说明了王维此诗流传千古的一个重要原因，便是靠入乐演唱而深入人心的。原诗本身就极富音乐美，“城”、“轻”、“尘”、“青”、“青”、“新”、“君”、“尽”、“人”等九字构成的一串儿叠韵，如环佩相扣，声音轻柔明快，强化了诗歌的抒情气氛，演唱起来也就特别发调，悦耳动听。

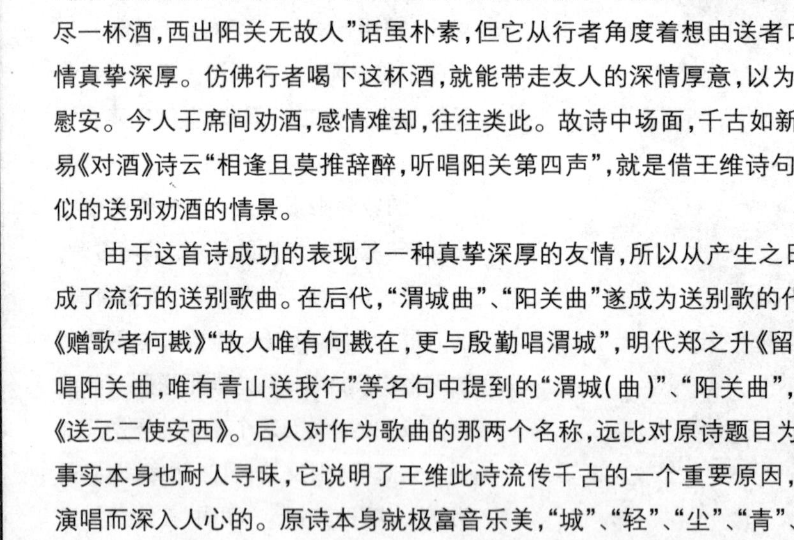

送沈子福归江东

（唐）◎王　维

杨柳渡头行客稀，罟师荡桨向临圻。唯有相思似春色，江南江北送君归。

王维是南宗山水画的开派大师，其《画论》云："渡口只宜寂寂，人行须是疏疏"、"晚景则山含红日，帆卷江渚，路行人急，半掩柴扉。"对照他的画论，读此诗前二句，不是俨然摩诘之画么？

"杨柳渡头行客稀"，杨柳的茂密与行人的稀疏形成对比。不让笔下的行人喧宾夺主，破坏渡口的清寥环境，同时也通过这清寥优美的境界，约略展示了一点临别的惆怅。"罟师"本义为渔人，此借指船夫。这样措辞能体现田园山水诗特有的牧歌情调。只说"罟师荡桨"，沈子福呢？自在舟中，自在不言之中。他将往何方？——"向临圻"。据诗意，"临圻"当是地名，可能是"临沂"之误。临沂，晋侨置县，在今江苏江宁县东北。

后两句承上抒情，有两层意思。一层是"唯有相思""送君归"七字，意言渡口行客本少，只有自己满怀别情，相送沈君。似乎只是陈述了一下事实，然而"唯有"这一限制性词语的运用，就强调和突出了相思别离的情绪。另一层即中间嵌用的一个比喻即"似春色""江南江北"七字。将相思比作春色，无穷无尽，相随东去，"诗人奇妙的联想，将自然的春色与人类的思维两种毫不相干的事物取来作比，而景与情合，即情寓景，妙造自然，毫无刻画的痕迹，不但写出了彼此间深厚的友谊，而且将惜别时的微妙的、难以捕捉的抽象感情，极其生动地表达出来，成为可见可触的形象，遂使人真觉相思之情充塞天地，可谓工于用喻，善于言情"（沈祖棻）。诗人的"即情寓景，妙造自然"又正是得江山之助，得自然之助。末句"江南江北"的句中重叠排比，形成"无边春色来天地"的阔大气象，与"唯有"暗暗构成对照，又显得沈子福此行颇不寂寞了，从而赋予此诗以开朗乐观的情调。

此诗虽然颇寓妙思，但行文自然朴素，有大巧若拙之感，妙在浑成。宋人王观《卜算子》（送鲍浩然之浙东）词云："水是眼波横，山是眉峰聚。欲问行人去那边？眉眼盈盈处。　　才始送春归，又送君归去。若到江南赶上春，千万和春住。"题目既相类，拟人手法也与此诗相同，可以说是从此诗翻出新意的，然而措辞用意的尖新工巧，又与此诗大异其趣。

山中送别

（唐）◎王　维

山中相送罢，日暮掩柴扉。春草明年绿，王孙归不归？

前人有称绝句为“截句”的，以为绝句乃截律诗而得，这是一种误会。不过，如就绝句独特的艺术表现手段而论，那倒确乎可以称为“截句”，如王维《山中送别》写送别情事，就可以说是“截”去了事件的主体而只保留了一个尾声。

诗篇一开始就是“送罢”，这种写法在送别诗中是少见的。似乎正是因为话别、惜别的场面在诗中已写得太多，诗人干脆割弃了这样的场面。不过，“山中相送”四字还是大可玩味的。“山中”本与世隔绝，所与游息者，必属亲知，相契极深，一朝离去，必有不得已的理由，又使得居者感到格外的难受。这一层感触是不为知者道，难与俗人言的。避开不说，只言“送罢”自佳。

山路崎岖萦纡，彼此依依难舍，送一程又一程。行人明发，而送罢归来，天色已晚。所以“日暮掩柴扉”与上句虽然跳越了一段时间，倒也合乎情理。日暮闭扉，原属常事，天天如此，有什么好写？写出来却有一种不同寻俗的意味。盖隐居山中的人对世俗本持关门态度，唯有同侪来访，方得洒扫三径，敞开蓬门以迎。而今，常登门造访的人却离此远去了。“日暮掩柴扉”——从此以往，怕是“门虽设而常关”了。这句初读平常，反复吟咏，颇有兴味。

诗的后二句是一问：“春草明年绿，王孙归不归？”从《楚辞·招隐士》“王孙游兮不归，春草生兮萋萋”化出，“王孙”指游子、行人。这一问似乎突如其来。揆之情理，这样的问题应是送别分手的致语，置之送罢归来之后，是逆挽。这山中送别，大约发生在春芳衰歇的时节，所以诗人致语道：春草还会如期再绿，而行人归来是否有期？即使行者回答是肯定的，送者日暮掩扉之后，仍觉忽忽心未稳。“春草明年绿，王孙归不归”，也可以说是他下意识地发出的疑问。不言惜别，而其情自深。

王维喜欢在短小的五绝中设问，如《相思》、《杂诗》、《孟城坳》及此诗，均为显例。这可说是一种“启发式”的写法，对于丰富五绝这种最小诗体的诗意很有效。而将送别致语用逆挽方式放到诗末表出，取得深长的意趣，则是此诗的特点。

送李少府贬峡中王少府贬长沙

(唐)◎高　适

嗟君此别意何如,驻马衔杯问谪居。巫峡啼猿数行泪,衡阳归雁几封书?青枫江上秋天远,白帝城边古木疏。圣代即今多雨露,暂时分手莫踌躇。

高适(704?—765),字达夫,勃海蓨(今河北景县)人。少时客居梁宋,玄宗天宝八载(749)有道科及第,曾为封丘县尉,不久辞官,客游河西,入哥舒翰幕。安史之乱中拜左拾遗,累为节度使。晚年出将入相,曾任左散骑常侍,进封勃海县侯,卒赠礼部尚书。有《高常侍集》。

此诗作年究在何时,已无可考定。旧编在《同陈留崔司户早春宴蓬池》诗后,可能是在封丘尉任内,送遭贬的李、王二少府(即县尉)往南方之作。同时送遭贬的两个人,贬谪之地又不在一处,要写好确有难度。我们且看他如何落笔。

首联"嗟君此别意何如,驻马衔杯问谪居",作者首先抓住二人都是遭贬,都有满腹愁怨,而眼下又都要分别这一共同点,以深表关切的问句开始,表现出了对李、王二少府此番贬谪的同情,以及对分别的惋惜。"嗟"是叹息之声,置于句首,贬谪分别时的痛苦已不言而喻。"此别"、"谪居"四字,又将题面中的"送"和"贬"点清,轻灵自然,不着痕迹。作者在送别之地停下马来,与李、王二少府饮酒饯别,"意何如"、"问谪居",反复致意,其殷切珍重之情,溢于言外,一开始就以强烈的感情,给读者以深刻的印象。方东树在《昭昧詹言》中说:"常侍(即高适)每工于发端。"于此可见一斑。

按照一般写法,一开始作者反复问询,接下来就该写李、王二少府如何回答了,但本诗却没有写回答,而且通篇都没有写,只是作者自己在抒发情感。中间两联针对李、王二少府的现实处境,从二人不同的贬谪之地分别着笔,进一步表现了对他们的关心和安慰。

"巫峡啼猿数行泪,衡阳归雁几封书",上句写李少府贬峡中。诗云巫峡,似当指巫山县,唐属山南道夔州,即今重庆巫山县治。在当时,这里路途遥远,景象荒凉,故《巴东三峡歌》曰:"巴东三峡巫峡长,猿鸣三声泪沾裳。"诗人设想李少府来到峡中,在这荒远之地听到凄厉的猿啼,忍不住流下感伤的眼泪。下句写王少府贬长沙。衡阳在长沙南面，衡山有回雁峰，传说北雁南飞到此不过，遇春而回。归雁传书是用苏武雁足系书故事，但长沙道途遥远，归雁能传递几封信呢？

“青枫江上秋天远，白帝城边古木疏”，上句想象长沙的自然风光。按《清一统志》：“枫浦在浏阳县南三十里浏水中，一名青枫浦。”青枫江当指浏水，在长沙与湘江汇合。这句说王少府到了长沙，在秋高气爽的季节，望着那明净高远、略无纤尘的蓝天，自然会涤尽烦恼，一消块垒。下句想象夔州（即今重庆奉节县）的名胜古迹。白帝城为西汉公孙述所筑，在夔州，当三峡之口。这句说李少府到了峡中，可以去古木参天、枝叶扶疏的白帝城凭吊古迹，从而获得精神的慰藉。

这四句有情有景，情中见景，景中含情，结合得自然巧妙，读来自有一种苍凉中满含亲切的情味。所写之境，从巫峡到衡阳，从青枫浦到白帝城，十分开阔，给人以充分驰骋想象的余地。特别是分写二人，更见出作者的艺术匠心。盛传敏在《碛砂唐诗纂释》卷二中谈到这首诗时说：“中联（指中间二联）以二人谪地分说，恰好切潭峡事，极工确，且就中便含别思。”作者在两联中，一句写李，一句写王，然后一句写王，一句写李，安排得错综交织，井然不乱。并且显然采用了“互文”这种修饰手法中的对句互见的方法，在一联中上句隐含着下句，下句隐含着上句，在意思上是一个整体。“巫峡”一联上句说贬谪荒远的凄凉，下句说要多通音信，表面看是对李、王分开讲的，实际上是对两人共同而言。同样，“青枫江”一联上句说流连光景，下句说寻访古迹，两句的意思也是对二人共同讲的。这样，在精炼的字句中，包含了丰富的内容，既照顾到了二人不同的地点，又表达了对双方一致的情意，作者巧妙的处理，使写分送二人的困难迎刃而解，收到了很好的效果。

最后一联“圣代即今多雨露，暂时分手莫踌躇”，作者针对李、王二少府远贬的愁怨和惜别的忧伤，作了语重心长的劝慰，对前景作了乐观的展望。所谓“圣代雨露”云云，原不过是古代文人诗中的惯用之语，而且这里用来和贬谪相连，还深藏着婉曲的微讽之意。重点是在后一句“暂时分手莫踌躇”，意谓这次外贬，分别只是暂时的，你们不要犹豫不前，将来定有重归之日，我们后会有期。全诗在这里结束，不仅和首联照应，而且给读者留下了无尽的遐思。我们仿佛看到，在诗人的劝慰下，李、王二少府舒展开愁眉，振作起精神，正跨马向远方进发。这种催人奋进的精神，在古代诗歌中是难能可贵的。

叶燮在《原诗》中，曾经指责此诗中间两联连用四个地名太多。沈德潜在《唐诗别裁集》中也说：“连用四地名，究非所宜。”但他又说：“五、六浑言之，斯善矣。”其实，高适此诗情真意挚而又气势健拔，虽然连用了四个地名，但对诗意并无滞碍，却使意境显得更为开阔，是用得成功的范例。《唐宋诗举要》引吴汝纶评此诗：“一气舒卷，复极高华朗曜，盛唐诗极盛之作。”是中肯之言。

热海行送崔侍御还京

（唐）◎ 岑 参

侧闻阴山胡儿语，西头热海水如煮。海上众鸟不敢飞，中有鲤鱼长且肥。岸旁青草常不歇，空中白雪遥旋灭。蒸沙烁石燃虏云，沸浪炎波煎汉月。阴火潜烧天地炉，何事偏烘西一隅。势吞月窟侵太白，气连赤坂通单于。送君一醉天山郭，正见夕阳海边落。柏台霜威寒逼人，热海炎气为之薄。

岑参（715—770），荆州江陵（今湖北江陵）人，郡望南阳（今属河南）。玄宗天宝五载（746）登进士第，天宝间曾两度出塞，充任安西、北庭节度使府掌书记、节度判官。肃宗时历任右补阙、起居舍人、虢州长史等职。代宗大历二年（767）任嘉州刺史，后客死成都。有《岑嘉州集》。

岑参是一个与平庸无缘的诗人，他生性好奇，喜欢富于刺激性的生活。三十岁及第受官后，曾一度陷入苦闷，然而一窥塞垣，则精神为之振奋。京华的一切离他远了，然而他有了写不完、说不尽的冰川雪海，火山沙漠，烽火杀伐，以及比这一切更刺人心肠的悲恸与快乐。在新印象与强刺激中，岑参进入了创作的成熟期和丰收期，成为大西北的豪迈歌手。岑参诗歌创作有一种独特现象，即其每逢上司或僚友出征或还京之际，总忘不了唱一首大西北的赞歌为之送行，诗歌标题大抵相类：“白雪歌送武判官归京”、“走马川行奉送出师西征”、“天山雪歌送萧治归京”、“火山云歌送别”……这类诗歌中，杰作极多，《热海行送崔侍御还京》也属于这类诗作。

“热海”即今吉尔吉斯境内的伊塞克湖，唐时属安西都护府辖区。岑参出塞“行到安西更向西”（《过碛》），仍未能到达直线距离去安西都护府约有千里之遥的热海。“侧闻阴山（此泛指边地的山）胡儿语，西头热海水如煮”，表明作者对热海的了解来自传闻，而这传闻得自当地土著“胡儿”。“水如煮”三字形象地渲染热海之“热”，是内地人闻所未闻的。大概崔侍御(侍御史是居殿中纠察不法的官吏)还没听说过，所以诗人要对他夸一夸这比“火山”更稀奇的热海。

篇首八句便糅合传闻与想象，对热海绘声绘色，加以渲染。热海气候之酷热难以形容，海水烫得快沸腾了。别处“胡天八月即飞雪”，而热海则十分反常，白雪还没有到达其地，就早已化灭得无影无踪。这里，诗人的超凡出奇处在于，他一面夸张自然环境的恶劣，一面赞美顽强的生命：鸟儿纵然避开了炎热的湖面，然而湖中却出产一种赤鲤，它们不但活泼泼存在着，而且肥硕长大。这与岸旁经过严酷生存竞争考验，获得惊人的抗旱耐温性能的青草之生生不息，彼此辉映着，唱出了一支生命力的颂歌。尽管他一面骇人听闻地唱着：“蒸沙烁石燃虏云”呀，“沸浪炎波煎汉月”呀，几乎令听者汗流浃背，却仍使人觉得诗人是在津津有味夸耀他最感兴味的事体，同时与之发生共鸣，感到痛快。“燃云”、“煎月”的说法，实在匪夷所思。一处有一处的云彩，故谓此处之云为“虏云”；月亮却只有一个，故此地之月亦即“汉月”，措语惬心贵当。诗笔的挥纵自如，表明着诗人兴会无前。

经过上述渲染，紧接四句是诗人的慨叹。他借用了贾谊《鹏鸟赋》“天地为炉”的说法，而扬弃了其“万物为铜”的感喟，说道：仿佛地底的“阴火”(相对太阳之炎而言)一齐烧向了西北边陲，令人不解其故。那炎热的威力不但统治了边地(“月窟”指西陲，“单于”指单于都护府所在地)，而且影响东渐(“赤坂”在今陕西洋县东龙亭山)，甚至远达天庭的太白星。“吞”、“侵”、“连”、“通”四字一气贯注，准确、有力而又酣畅。诗人似乎在责问造物主：“阴火潜烧天地炉，何事偏烘西一隅？”然而从他作诗的兴头看，这与其说表示着遗憾，毋宁说是变相的惊喜。

末四句，诗人回到送别的话题：“送君一醉天山郭，正见夕阳海边落。”以景色转换话头，十分自如。饯宴座中哪能看见热海？夕阳西下的景色却是能看到的。这时宾主俱醉，既醉于酒，又陶醉于那关于热海的传说，也就好像看到“夕阳海边落”。“正见”的口气，却又写幻如真。这时的热海，又和神话中日浴处的咸池合二为一了。《汉书·朱博传》谓“御史府中列柏台”，诗中即以“柏台”代称崔侍御。又因为侍御史为执法吏，有肃杀之气，故谓之“霜威寒逼人”。这里写人，用了一个寒冷的喻象，与诗中的热海折中一下，给“热海炎气”浇了一瓢凉水。既承上写足热海主题，使人感到余兴不浅，又十分凑手地表达了对崔侍御的敬爱和赞美。不勉强，不过头，将唱热海与表送行，绾合得天衣无缝。

诗虽作于社交场合，却是积累有素，文如宿构。既牵涉饯别，又是“醉翁之意不在酒”。诗人深深爱上了边塞，爱上了塞外风光，借送别之由以发挥之，这就和一般的应酬之作有别。

送崔子还京

（唐）◎岑参

匹马西从天外归，扬鞭只共鸟争飞。送君九月交河北，雪里题诗泪满衣。

此为边地送人之作，诗境宏阔，而情景亦不同寻常。首句不直说人，而说“匹马”，昂奋之姿，奔驰之势，路途之遥，都在包蕴中，又为下句蓄足了势。下句便是写远去之影，崔子扬鞭的动态还留在送行者的脑海中，匹马的影子已经越来越小，看上去似乎与鸟儿争飞一般。有快意，也有羡慕之意。

第三、四句才回头补叙送别的时间、地点、景物环境和情谊，是诗人有意将描写友人归去的情景突现于前。“交河北”，即指交河城，在交河北岸，唐贞观十四年至显庆二年为安西都护府驻地，故址在今新疆吐鲁番西。作此诗时，岑参任安西、北庭节度使封长清幕府判官。据岑参《火山云送别歌》“氛氲半掩交河戍”，可知当时仍有交河戍所。九月送人，冰天雪地，因为“胡天八月即飞雪”。雪域送人的经历，岑参已有“轮台东门送君去，去时雪满天山路。山回路转不见君，雪上空留马行处”（《白雪歌送武判官归京》）、“正是天山雪下时，送君走马归京师。雪中何以赠君别，唯有青青松树枝”（《天山雪歌送萧治归京》）等。本诗道“雪里题诗”，何其清雅，又何其真诚，炽热之情驱散了寒意，白雪衬映着纯洁的友情，何异玉壶冰心。“满衣”之“泪”，是惜别的真情流露。考岑参送别之作，屡用“泪”字。但此处可能还不仅仅是惜别，绝域送人还京，因人因事触发的情感可能甚为复杂，不能简单地一概而论。由盛唐人大量的边塞诗可知，赴边报国立功的壮怀与思亲思乡的情怀，始终是并存而不可回避的矛盾。边功并不是轻易就能建立的，岑参自云：“可知年四十，犹自未封侯”（《北庭作》），“早知安边计，未尽平生怀”（《登北庭北楼呈幕中诸公》）。崔子还京，自己是啥滋味？更重要的是岑参的家园、亲人在长安，只要读读岑参《逢入京使》“双袖龙钟泪不干”，《赴北庭度陇思家》“为报家人数寄书”，《送韦侍御先归京》“客泪题书落，乡愁对酒宽。先凭报亲友，后月到长安”，《发临洮将赴北庭留别》“勤王敢道远，思乡梦中归”，《临洮泛舟赵仙舟自北庭罢使还京》“醉眠乡梦罢，东望羡归程”等，便知“泪满衣”可能包蕴着复杂的情感呢。

李白（701—762），字太白，号青莲居士，祖籍陇西成纪（今甘肃秦安），生长于蜀。玄宗开元十二年（724）出蜀漫游，先后隐居安陆（今属湖北）与徂徕山（在今山东）。天宝元年（742）奉诏入京，供奉翰林，后赐金还山。安史乱中因从永王璘获罪，身系囹圄，一度流放。有《李翰林集》。

赠孟浩然

（唐）◎李　白

吾爱孟夫子，风流天下闻。红颜弃轩冕，白首卧松云。醉月频中圣，迷花不事君。高山安可仰，徒此揖清芬。

此诗大约作于开元二十七年（739）重游襄阳时。诗中称赞前辈诗人孟浩然风流倜傥，说他从少年时代起，就高卧云林，终身不仕。然而根据史料，孟在早年求仕的心情还是相当迫切的，求仕不果，还是有失落感的。

可以说，这首诗描画的是一个符合李白理想的孟浩然，它更多表现了李白自己蔑视权贵，不肯从君于昏的傲岸精神。

下终南山过斛斯山人宿置酒

（唐）◎李 白

暮从碧山下，山月随人归。却顾所来径，苍苍横翠微。相携及田家，童稚开荆扉。绿竹入幽径，青萝拂行衣。欢言得所憩，美酒聊共挥。长歌吟松风，曲尽河星稀。我醉君复乐，陶然共忘机。

终南山东起蓝田，西至鄠县，绵亘八百余里，主峰在长安之南，唐时士人多隐居于此。诗中记的这次出游，应是由一位姓斛斯的隐士陪同，当夜即宿其家。

李白诗中常言“碧山”，说者每苦不知确指。其实“碧山”可泛称青山，亦可专指，例如此诗即指终南山。游览竟日，薄暮下山时，兴致尚未全消，这时月亮已升上天空，陪伴着诗人同行，恰如儿歌所唱的“月亮走，我也走，我跟月亮手拉手”，在自然景物中，此最有人情味者。诗人写着“暮从碧山下，山月随人归”，心中就有一种亲近自然的况味。到达目的地，松一口气，回看向来经过的山路，已笼罩在一片暮霭中，使人感到妙不可言。此时此刻，最叫人依恋呢。

说斛斯先生与诗人同行，是从“归”和“相携”等措词上玩味出的。到达斛斯之家时，须穿过幽竹掩映、青萝披拂的曲曲弯弯的小路，“苔滑犹须轻着步，竹深还要小低头”，很平常，很有趣。而来开门迎客的，是斛斯家的小朋友。儿童有天然好客的倾向，今俗谓之“人来疯”，他们怕是早就盼着李伯伯的到来，才争着开门的。在斛斯家作客，真是得其所哉呀！

主人道：“快上酒上菜，我们的客人早饿了呢。”于是就饮酒，吃菜。“美酒聊共挥”，“聊”字见随便，而“挥”字更潇洒。一口一口地呷酒不可叫“挥”，非“一杯一杯复一杯”、“会须一饮三百杯”不可叫“挥”。

“酒酣耳热后，意气素霓生”，就为朋友歌一曲吧，如果没有琴，就请山头的松风伴奏也成。“酒逢知己饮，诗对会人吟”，李白“过斛斯山人宿置酒”之谓也。边喝边唱，不觉斗转星移，不知东方将白。王维对裴迪赠诗道“复值接舆醉，狂歌五柳前”，李白对斛斯山人则道“我醉君复乐，陶然共忘机”，“忘机”本道家术语，谓心地淡泊，与世无争。

写眼前景，说家常话，其冲淡与平易不亚于孟浩然诗。冲淡不是清淡，不是淡乎寡味。此诗所以其淡如水，其味弥长也。

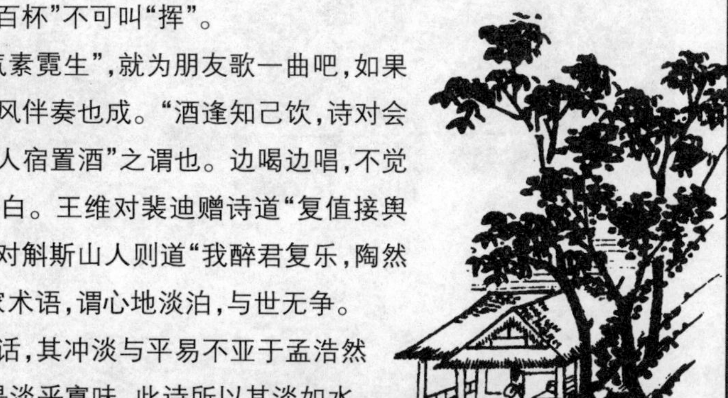

送友人

（唐）◎ 李　白

青山横北郭，白水绕东城。此地一为别，孤蓬万里征。浮云游子意，落日故人情。挥手自兹去，萧萧班马鸣。

公元八世纪中叶的宣城是一座兼有优美自然风光和悠久历史文化的名城，以南齐大诗人谢朓做过太守而久为李白向往。城北是树木笼葱的敬亭山，城东有宛溪一曲，北行与桐水汇合，流入丹阳湖。经过长达十年的漫游，李白终于来到这里，并深深爱上了它，在这里一直住到安史之乱的发生。

“青山横北郭，白水绕东城”，诗的首二句就不仅仅是对宣城地理环境的客观写照，而其中应该含有诗人对寓居之地的深厚的感情。在送友人的特定时刻提起，还应该含有对在这座山清水秀的名城共处过一段难忘时光的留恋。从全诗看，诗人是与友人骑马偕行，出城来到郊外，青山白水也是即目所见的景色。但诗人将这番景色铸成工致的联语（“青山”——“白水”，“北郭”——“东城”），又产生了一种深长的意味。山傍着郭，水恋着城，水毕竟要流去，山却依然留驻，这难道不是一种依依惜别之情的象征？

这种惜别的意念恰当地出现在第二联：“此地一为别，孤蓬万里征。”此地作别，是直叙眼前正在发生的事，而“一”字的嵌入，起到了语气助词作用，加强了感

慨唱叹之情，使诗句顿生神采。“孤蓬”是一个积淀有离情别绪的特定诗歌语汇，出自古诗“孤蓬转霜根”。它与“转蓬”一词，在诗歌中都是漂泊游子的象征，但“孤”字更强调分离、离群的意义。加之友人此行前路迢远（“万里征”），怎不叫诗人为之系心？此一去啊，蓬飘万里，友人何时可得安定？彼此何年才能重聚？复杂的离绪，包含在唱叹的声情和蕴藉的意象中。

“浮云游子意，落日故人情”，仿佛前两句嗟叹未足，诗人又推出一组惜别的意象。“浮云”、“落日”和“孤蓬”一样，都是送别诗习用的诗歌语汇。汉诗有“浮云蔽白日，游子不顾反”，“仰视浮云驰，奄忽互相逾。风波一失所，各在天一隅”，更可作此诗注脚。李白的创造，是将“浮云”、“落日”分配给“游子意”、“故人情”，实际上运用了互文的修辞法。浮云出岫，日落西山，也许就是分手时的光景，但诗人已经将情移入景色，成为无往而非依依难舍，而又无可如何的象征。不必明言“游子意”竟是何意，“故人情”竟是何情，已足使人为之魂销肠断。

送君千里，终须一别，“挥手自兹去，萧萧班马鸣”。上句是对分别的旧话重提，但“此地一为别”是未来式，“挥手自兹去”则成了进行式，抒情便有递进的感觉。诗人只写送、别双方挥手致意，却通过临歧相对长嘶，因为曾相厮伴，亦不忍分离的两匹马，尽收无言之美。马尚如此有情，何况人呢。“萧萧马鸣”本是《诗经·车攻》的成句，而加入一个“班”（马相别称“班”，语出《左传》）字，则翻新了诗意，可说是融汇古语而自出心裁。

从六朝以来，五言律诗在结构上已形成一定惯例，即大体遵循由破题、到写景、最后抒情的程式。而李白《送友人》则不同，它基本上是写景——抒情——再写景（象喻式）——再抒情，从“此地一为别”到“挥手自兹去”，构成一个螺旋式推进的结构，饶有回肠荡气之致。诗人尽量避免情绪直抒，反复运用山、水、云等自然意象及现成诗歌语汇，来隐喻烘托别情，最后用班马长嘶作结，浓厚的别情由此得到尽兴的发抒。

静夜思

（唐）◎李　白

床前明月光，疑是地上霜。举头望明月，低头思故乡。

这是一首从写出之日起即为历代中国人家喻户晓的诗。中华民族习用阴历，对月具有特别深厚的感情，它是一份活的日历，活的月份牌，居人看，行人看，元宵看了中秋看，从而成为人民生活的一部分。而李白就在月的意象上大做文章，写下包括本篇在内的不少名篇。

前两句“月光”与“霜”的类比，使人感到其境的清寒与朦胧，逗漏出客居异乡的不适应之感。后两句通过一“举头”、一“低头”，传出游子思乡的神情与心态，万种乡愁，俱在不言中。也就是沈德潜所说的“百千旅情，虽说明却不说尽”，而在语言上则明白如话，故为千古传诵。

黄鹤楼送孟浩然之广陵

（唐）◎李　白

故人西辞黄鹤楼，烟花三月下扬州。孤帆远影碧空尽，唯见长江天际流。

此乃开元十六年(728)暮春之作。一提到武昌黄鹤楼，就会联想到仙人子安骑鹤过楼的故事和崔颢那首叫李白佩服的《黄鹤楼》诗。而在谪仙李白心目中，黄鹤楼应是漫游天下名胜的一个起点，未游黄鹤楼，直是不当游天下名胜。你听："我本楚狂人，凤歌笑孔丘。手持绿玉杖，朝别黄鹤楼。五岳寻仙不辞远，一生好入名山游。"所以，他在唱"故人西辞黄鹤楼"时，就给了孟浩然一个同样很高的起点。

一说到扬州，须知那是两京以外最称繁华的大都会，时称"扬一益二"。有个古代笑话，概括世俗的人生三大理想是：腰缠十万贯，——骑鹤——下扬州。现在孟浩然就要"下扬州"，而且是在"烟花三月"，言下洋溢着多少歆羡之意。"烟"是个形容词，"花"是个实词，但"烟"不是形容"花"的，通常所谓阳春三月"花似锦，柳如烟"，"烟花"二字可谓得之，其构词之妙在虚实显隐间。

末二句传目送之神："碧空尽"三字写帆影消失于水天之际惟妙惟肖，但又像是写飞行，令人神往；行者身不由己随船远去，而送者却久久不能离开，言下一片依依惜别之情。所以《唐宋诗醇》说它"语近情遥，有手挥五弦，目送飞鸿之妙"。电影《林则徐》有一个林则徐送奉旨调离虎门的邓廷桢的感人场面，据导演郑君里说，就是用了此诗末二句表达的意境。

鲁郡东石门送杜二甫

（唐）◎ 李 白

醉别复几日，登临遍池台。何时石门路，重有金樽开。秋波落泗水，海色明徂徕。飞蓬各自远，且尽手中杯。

古人言“游必择友”，又称朋友为“交游”。李白、杜甫两位大诗人交游，后人常以为美谈。天宝三载（744）夏，李、杜在洛阳相识，从此开始了二人的友谊。用闻一多先生的话说，是“青天里太阳月亮走碰了头”。二人天机清妙，相互赏识，志趣投合，因而“相期拾瑶草”（杜甫《赠李白》）。是年夏秋间，为梁宋之游；天宝四载秋，又同游兖州。这首诗，就是同游兖州后李白在鲁郡东石门送别杜甫的一首著名诗歌。鲁郡即兖州。据杜甫《与李十二白同寻范十隐居》称“余亦东蒙客，怜君如弟兄。醉眠秋共被，携手日同行”，可以想见二人这次亲如兄弟的游历情形。

诗歌开头二句便说，因为要分别了，所以几天来都在载酒而游，为即将离别而痛饮，并抓紧时间游览遍了鲁郡的山川名胜、池台亭阁。唐人送别，通常都在日暮的时段里，而李杜之别，竟是持续了数日。览观风景，无异充作了送别的仪式，远胜于离亭设宴、把袂劳劳。两位大诗人果然是情深意厚，与众不同。“何时”二句，说离别之后，何年能在这石门路上，像这样金樽重开？既是申明前二句醉饮和及时游观的理由，也是表达对这次同游的珍惜，还有对再次同游的期盼。李杜在一起同游，不仅仅是游山玩水而已，杜甫的“何时一樽酒，重与细论文”（《春日忆李白》），透露了个中消息。事实是，当时两位文学巨匠的探讨、交流之结果，是以他们后来各自创作上取得的巨大成就，对中国文学之发展做出贡献的。“秋波”二句融情入景，极具美感。诗人扣住游观，就地取材，以跨域辽阔的泗水、徂徕山为大环境，安排这场送别，让永恒的青山绿水见证他们的情谊。“落”、“明”二字之用，大有情谊漫溢山川的意味。又且山明水秀，物色清澄，人处其间，如在水晶，表里澄澈。此正是唐诗中一种写情谊的方法——借清澄明净的物象，敞放心灵的天窗，袒露纯洁无瑕的感情，如“一片冰心在玉壶”、“蜀江水碧蜀山青”之类。今日读者，明白这一点很重要。严羽评得好：“五、六取景清旷，非胸怀如此者，对此亦堕茫昧。”（《李太白诗醇》）此别之后，李白又有《沙丘城下寄杜甫》诗，其“思君若汶水，浩荡寄南征”之喻，可以帮助我们进一步体味“秋波”二句融情入景所深蕴的情意。末二句，以“飞蓬”喻别后的漂泊，寄慨深长，珍重之意，不言自明；以劝酒作结，照应开头，情味悠长；貌似爽语，实无限低回，“不必言涕，黯然销魂”（《李杜诗选》梅禹金语）。

闻王昌龄左迁龙标遥有此寄

（唐）◎李　白

杨花落尽子规啼，闻道龙标过五溪。我寄愁心与明月，随风直到夜郎西。

盛唐七绝最杰出的代表，一向是李太白、王少伯并称，这两个天才诗人，生平又都有政治失意的经历，而王昌龄的命运却更加悲苦。他一生官卑职小，仕途屡遭挫折——开元间曾贬岭南，天宝初（742）谪迁江宁（今南京）令，六载（747）再贬龙标（今湖南黔阳），被贬的理由据说是“不护细行”（小节失检）——连个像样的罪名都找不到，正是“欲加之罪，何患无辞”了。

王昌龄自江陵丞贬龙标尉事在天宝六载（747）秋，而李白得到消息的时间当在翌年暮春，故诗开篇即以“杨花落”、“子规啼”切合情事。而古有杨花入水化为浮萍、子规声像“不如归去”等等说法，作为诗歌意象，自能引起身世浮萍、天涯羁旅的愁情，紧扣王昌龄贬谪之事。次句的“龙标”是地名（“龙标”作为王昌龄的代称乃是后话），句意即听说龙标远过五溪（酉溪、武溪、辰溪等五个溪口，其余二溪所指有不同说法，其地皆在湘西）。换言之，五溪地处边远，龙标比五溪还要边远，不堪之意溢于言表，措语却含蓄从容。按唐贞观年间，龙标分置三县，其一曰夜郎，“夜郎”字面，还可使人联想到古夜郎国（贵州桐梓），着一“西”字，更增边远之感。

由于诗人不在朋友身边，不能举杯以当面安慰朋友，才想到要写一首诗。也许写诗的当时，他正对着一轮明月，于是得到即景好句。“我寄愁心与明月”二句意谓让我把一片同情寄托给天空明月吧，不论你走到哪里，即使已经到达贬所，你也会看到这同一轮明月——“月亮代表我的心”。

诗中没有一个字明言对朋友被贬一事的看法，字里行间却饱含同情和理解。诗人把自己的“愁心”赋予具象的“明月”，一个孤独、高洁、光明的形象，这就意味着诗人坚信朋友的清白无辜，从精神和道义上予以支持、援助，无形中也对迫害无辜者投以愤慨和轻蔑。

事有凑巧，若干年后，王昌龄早已物故，李白本人却因报国心切而无辜下狱，最后被判长流夜郎——走了一段王昌龄当年所走的曲折之路，再次体会到人间行路之难。一路上他定然会想起这首旧作，或许会想到：“谁寄愁心与明月，伴我直到夜郎西？”

与史郎中钦听黄鹤楼上吹笛

（唐）◎ 李　白

一为迁客去长沙，西望长安不见家。黄鹤楼中吹玉笛，江城五月落梅花。

诗作于乾元二年（759），诗人长流夜郎遇赦还武昌时。玩味此诗，有一种痛定思痛地回忆过往的情绪。

汉代贾谊因有革新政治的才具而受文帝倚重，将委以公卿，却为当时权贵排斥，谗以“洛阳之人，少年初学，专欲擅权，纷乱诸事”，而被外放为长沙王太傅，作了“迁客”（贬谪之人）。李白引贾谊自喻，就近言之，是为自己受永王谋逆事件牵连长流夜郎而发；就远言之，还兼包天宝初待诏翰林而终被赐金还山之事，自那以后，他即有“汉朝公卿忌贾生”之叹。“一为迁客去长沙”，十五年过去了，唐王朝经历了翻天覆地的变故，回思往事，恍如隔世。一向就深憾“总为浮云能蔽日，长安不见使人愁”的诗人，而今“西望长安”，更有说不出的悲哀，其“不见家”云云，实有一种政治上归宿无依之感。

后两句似忽然撇开感慨，只就眼前情景写来，乍看不过是直赋“听黄鹤楼上吹笛”之事，其实语意“活相”（《梅崖诗话》），足以启发读者想象。首先，听笛的地方是“黄鹤楼中”，这里有一个“昔人已乘黄鹤去”的传说，最易动伤逝与离别之情。笛曲《梅花落》就与离别情思有关，高适《塞上听吹笛》“借问梅花何处落，风吹一夜满关山”，即其例。“江城五月落梅花”，亦将曲名活用，造成虚象，远不止笛满江城的字面意义。江城五月不应落梅，五月落梅犹如邹衍下狱、六月飞霜（《文选》李善注、徐坚《初学记》等书引《淮南子》）一样是异常情事，如无感天动地之怨苦，何以致之！

全诗就通过如此空灵的抒情写景，将诗人怀恋故国的情绪和政治上屡遭打击的悲哀交织而出，感人至深。虽然悲苦，却又毫无龌龊寒俭之态，依然是挥斥飘逸，气象昂扬。故谢榛《四溟诗话》云：“作诗有三等语：堂上语，堂下语，阶下语，知此三者可以言诗矣。凡上官临下官动有昂然气象，开口自别。若李太白‘黄鹤楼中吹玉笛，江城五月落梅花’，此堂上语也。”

菩萨蛮

（唐）◎李　白

平林漠漠烟如织，寒山一带伤心碧。暝色入高楼，有人楼上愁。　　玉阶空伫立，宿鸟归飞急。何处是归程，长亭更短亭。

此词最早见于宋僧文莹《湘山野录》卷上，云“此词不知何人写在鼎州（今湖南常德）沧水驿楼，魏泰见而爱之，后至长沙，得古集于曾布内翰家，乃知李白所作”。

胡应麟《少室山房笔丛》提出了几点疑问：一、根据唐苏《杜阳杂编》载，《菩萨蛮》曲乃出于唐宣宗世，远在李白之后。——按，不然，开元崔令钦《教坊记》中已载有《菩萨蛮》，据任二北考证近年发现的唐玄宗时敦煌曲子词中有《菩萨蛮》多首。二、李白风雅自任，近体七律尚不肯为，更不肯作词。——按，不然，李白非无近体诗，于词亦有《清平调》三首。三、此词意象衰飒，当是晚唐人嫁名太白之作。——按，亦有人认为并非衰飒，而是悲凉、雄浑，何况以风格判定作者最不可据。四、李白集的古本中没有这首词。——按，此一条可质疑。然而，在提不出更多理由和嫁名者为谁的情况下，此词的著作权还只能判给李白。

时间：黄昏；地点：高楼。暮色苍茫时分，容易引起怀思的时分；登高望远，则容易引起百端交集之情。楼上人放远望去，原野的尽头是一片齐齐整整的树林，为暮霭所笼罩——“平林”

出自《诗经·生民》，不仅来得现成，极备声音之妙，而且一开始就为此词奠定了情境开阔的基调。树林后横亘着长长的一带山脉，呈现出一派冷冷的碧色。镜头由远而近，定格于楼头一点，令人感到莫名的感伤，写景中含有情致。读者可以想象，山那边是家乡方向，或者是游子的去向（欧阳修《踏莎行》“平芜尽处是春山，游人更在春山外”）。二句虽未点明时间，但从气象景观已可知是“暝色”了。暝色整个儿向楼上人扑面压来，令其难以禁当，使之从来没有如此之深地感受到“人生分外愁”（刘郇伯）。

过片，镜头又由近推远，楼上人站立于石阶翘首企盼，只盼来掠空而过的归巢的飞鸟。不知为何使人联想到《聊斋志异·凤阳士人》中的那支曲子：“黄昏卸却残妆罢，帘外西风冷透纱。听窗外，一阵一阵细雨下。薄情人哪，何处与人闲嗑牙？望穿秋水不见还家，潸潸泪似麻。又是想他，又是恨他，手拿着红绣鞋儿占鬼卦。”然而远方的游子，久久不能还乡，哪里是他自己的过错呢？且看一条大路通向远方，不知道隔着多少山山水水、十里长亭、五里短亭哩！

被誉为“百代词曲之祖”之一的《菩萨蛮》，境界阔大，以“有人楼上愁”一句为中心，由远及近，又由近及远，前主景，后主情，章法严密而思致流畅。它最早见于宋僧文莹《湘山野录》，说是“不知何人写在鼎州沧水驿楼”。由于这个暗示，不少人认为词中写的是游子望乡之情；却又有人因“玉阶空伫立”一语，认为写的是思妇怀远之情。

这是一个很有意思的现象，它表明作者的兴趣已转向对内心世界的发掘，相对忽略了对具体人事的交代。而这，恰好是词体的基本特点。“暝色入高楼，有人楼上愁”——找不到人生位置的人比比皆是，当你经过拼搏感到目标尚远的时候，当你感到活得太累的时候，“何处是归程，长亭更短亭”，不就是你的心境的象征吗？

移家别湖上亭

（唐）◎ 戎 昱

好是春风湖上亭，柳条藤蔓系离情。黄莺久住浑相识，欲别频啼四五声。

戎昱（744？—800？），荆南荆门（今湖北江陵）人。少举进士不第，来往于长安、洛阳、齐赵、泾州、陇西之间。大历元年（766）春经剑门入蜀，次年东下至江陵，荆南节度使卫伯玉辟为从事。建中三年（782）一度为侍御史，次年出为辰州刺史。贞元七年（791）前后任虔州刺史。《全唐诗》存诗1卷。

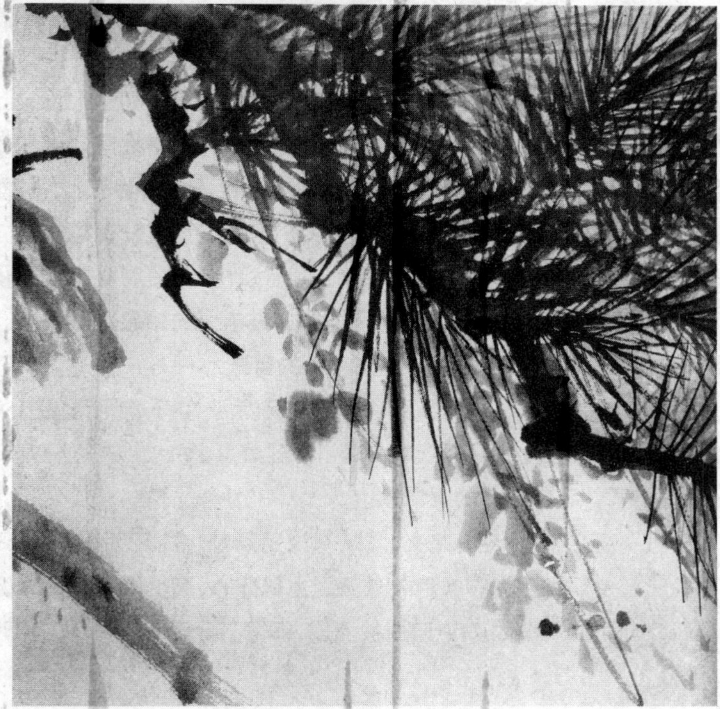

诗人原先面湖居家，环境条件不错。湖上有亭，亭外有树，藤蔓蒙络，柳条茂密，小鸟甚多，生机盎然。“湖上亭”是这个环境中的标志性建筑。

春天景色正好，无奈因故搬家，诗人显然有些依依不舍。明明是自己对“湖上亭”的依依不舍，诗人偏不这样说，却反过来说“湖上亭”及一切的景物，对居久的自己，是怎样的依依不舍。看那风中招展的柳枝、藤蔓，似牵衣待话，别情无极；而黄莺婉啭的啼叫，又像是对诗人的款款话别、殷殷致意……

诗以“好是”（正是）开始，使前二句形成一个时间状语，而诗的主要内容在后二句，拟人法在这里起到了画龙点睛的作用。以“浑相识”言黄莺，体现了人与自然的和谐相处的关系。“啼”字的运用，尤具感情色彩，将诗人移居时复杂微妙的心境和盘托出。

梦李白二首

（唐）◎杜　甫

其　一

死别已吞声，生别常恻恻。江南瘴疠地，逐客无消息。故人入我梦，明我长相忆。恐非平生魂，路远不可测。魂来枫林青，魂返关塞黑。君今在网罗，何以有羽翼？落月满屋梁，犹疑照颜色。水深波浪阔，无使蛟龙得。

杜甫（712—770），字子美，河南巩县（今属河南）人。玄宗开元二十三年（735）举进士不第。天宝间困守长安十年，十四载（755）授河西尉不赴，改右卫率府兵曹参军。安史乱发，长安陷落，身陷贼中。至德二载（757）自贼中奔赴凤翔行在，授左拾遗。乾元元年（758）贬华州司功参军，次年弃官赴秦州，经同谷，到成都，于西郊建草堂。广德二年（764）剑南节度使严武荐为检校工部员外郎。永泰元年（765）离成都，至夔州（四川奉节）。大历三年（768）出峡，辗转江湘，死于舟中。有《杜工部集》。

杜甫和李白分手于天宝四载（745）秋。临别李白有诗赠杜甫，诗云："何时石门路，重有金樽开？"（《鲁郡东石门送杜二甫》）杜甫到长安后也表达了同样愿望："何日一樽酒，重与细论文。"（《春日忆李白诗》）但他们谁也没有料到，这次分手便是永久的分手。此后，海阔天空的李白又遇到过许多新的朋友，杜甫的名字再没有出现于李白诗中，杜甫本人也没再直接得到过李白的消息。然而，无论是在长安、秦州、成都还是夔州，杜甫都有怀念李白的诗歌。

安史乱中，李白以从永王李璘罪入狱浔阳，获释后，复于乾元元年（758）判决为长流夜郎。乾元二年（759）秋，杜甫在秦州听到消息，作此二诗。这两首诗写得非常沉痛，写出了作者对李白的深情厚谊。

写梦先写别离，是题中应有之义。"从来说别离者，或以死别宽生别，或以死别况生别"（浦起龙《读杜心解》），诗人说死别也就死心，而生别则让人不能放心，即翻出了新意。然后入题，说知道李白被流放，却得不到确切的消息，因而日有所思，夜有所梦。

在梦中，李白就站在面前。惊喜之余，却不敢相信这是真的：夜郎——秦州，道路遥阔，怎能说来就来？在梦中，李白仿佛对他讲述过一路的辛苦，翻了许多的山，过了许多的河。正是"天长地远魂飞苦"（李白《长相思》），"关山难越，谁悲失路之人"（王勃《滕王阁序》）。

潜意识中，诗人记起李白原是失去自由的，如何能忽然到来，心里不免奇怪。或许正因为这个原因，李白匆匆告辞，诗人的梦也醒了：屋梁上月色犹明，李白的样子还残存在记忆中，人却不在眼前了。浦起龙评此诗道："纯用疑阵，句句喜其见，句句疑其非。"（《读杜心解》）是说此诗传达出如幻如真的、做梦般的感觉。

最后，诗人只好在心中默默祈祷，祝李白的梦魂一路上多多保重，在渡水的时候一定要当心水底的蛟龙。"蛟龙"，喻指人间阴险的小人。"作者就是这样好像不加文饰地直写胸臆，真切地说出了他对于李白的处境的忧虑，有些话就像面对面地和友人交谈。真正有充沛的感情，本来是用不着过多的文饰的"（何其芳《诗歌欣赏》）。

其　二

浮云终日行，游子久不至。三夜频梦君，情亲见君意。告归常局促，苦道来不易。江湖多风波，舟楫恐失坠。出门搔白首，若负平生志。冠盖满京华，斯人独憔悴。孰云网恢恢，将老身反累。千秋万岁名，寂寞身后事。

《古诗十九首》云："浮云蔽白日，游子不顾返。"此诗开篇即师其辞不师其意，说天上浮云成天移动，人间的游子却久不归来。紧接写一连几夜梦见李白，想必是李白顾念旧人，反过来，恰恰表现的是诗人自己的多情。

这首诗更多地写到梦境。它写到了梦中的友人的亲切。在潜意识中，诗人记得李白是失去自由的，所以每一次梦中见面，友人都显得那么仓促，没有能够畅谈就告别了；每一次梦中见面，友人都说会面不易；每一次梦中醒来，诗人都要为友人担心。

诗中特别提到梦中李白告辞出门时，下意识地用手挠挠白发的样子。——那是一种很失意、很落魄，让人看了很心酸的样子。作者的愤慨和控诉就从这里开始，他怎么也想不明白，为什么那么多碌碌之辈都香车宝马，身居高位，而李白这样的天才，却要遭到这样的不幸。说什么"天网恢恢，疏而不失"(《老子》)——不该漏的漏多了，为什么偏偏不放过老诗人李白。

李白诗歌将流传千年万载是一定的，然而这是以他一生的不幸为代价的。这使人联想到韩愈对于友人柳宗元所讲的一番话："子厚斥不久，穷不极，虽有出于人，其文学辞章，必不能自力以致必传于后如今，无疑也。虽使子厚得所愿，为将相于一时，以彼易此，孰得孰失，必有能辨之者。"(《柳子厚墓志铭》)

"千秋万岁"之"名"，却是"寂寞身后"之"事"。何为熊掌？何为鱼？"以彼易此，孰得孰失？"韩愈说"必有能辨之者"，真是天知道。此诗最后两句感慨之深，囊括之巨，使人想到了屈原，想到了柳宗元，也使人想到了伦勃朗，想到了凡高……

月夜忆舍弟

（唐）◎杜　甫

戍鼓断人行，边秋一雁声。露从今夜白，月是故乡明。有弟皆分散，无家问死生。寄书长不达，况乃未休兵。

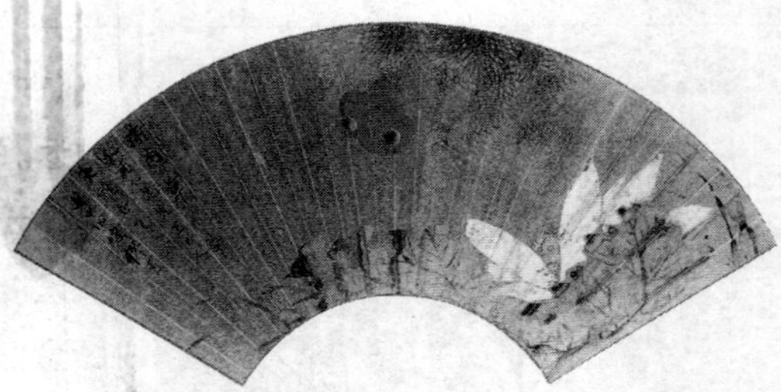

乾元二年（759）秋作于秦州。按作者有弟四人曰颖、观、丰、占，唯占相随。据《资治通鉴·唐纪》，是年九月，史思明率部自范阳南下，攻下汴州、洛阳，郑、滑等州皆陷没。颖、观、丰等弟均在战乱地区，久无消息，本年十月在同谷有诗可参："有弟有弟在远方，三人各瘦何人强！生别辗转不相见，胡尘暗天道路长。"（《乾元中寓居同谷县作歌七首》）

首联从"夜"字入题。戍楼禁夜的鼓声，是纪实，也是对战乱时世在气氛上的一种烘托。而"边秋一雁声"则更多象征成分，孤雁使人联想到离群，直启"忆弟"之思。

颔联点出"月夜"。按诗或作于白露节当晚，白露这个节气的名称根据乃在物候。"露从今夜白"直接是说今夜乃白露，进而是说今夜果然露凝而白，秋气从此更凉，特别是在秦州这样的边地。"月是故乡明"，妙在一"是"字。明明是主观感觉，却说得如此肯定。联系上句，是"觉露增其白，但月不如故乡之明"（《杜臆》），间接而有力地表达出对故乡的怀思。颈联字句的倒腾，丰富了诗的意蕴。

颈联写"忆舍弟"，为一篇主意。两句作流水对，可一气读下：诸弟流离失所，无法打听消息。然而，作者从"无家"的"无"字，找出一个反义的"有"字，就生出曲折，饶有感慨："有弟"，本是幸事，"皆分散"，却不幸，"无家问死生"，则更痛苦。"问死生"本是问生死消息，按照当对和用韵的规律，诗中以"死生"代"消息"，尤觉心惊动魄。

尾联收住，说平时寄书尚且很难收到回音，何况处在战争年月，言下感慨更为深沉。

王得臣说："子美善于用事及常语，多离析或倒句，则语健而体峻，语而深稳。"（王得臣《麈史》）这首诗不用事，而用常语，保证了语言的清新。中间两联，作者按照当对律的要求倒腾字句，在音情和意义上生出顿挫，铸句精警，表现出他在律诗上的造诣，已达到随心所欲不逾矩的境界。

客　至

（唐）◎杜　甫

舍南舍北皆春水，但见群鸥日日来。花径不曾缘客扫，蓬门今始为君开。盘飧市远无兼味，樽酒家贫只旧醅。肯与邻翁相对饮，隔篱呼取尽余杯。

作于上元二年（761）春，时居成都浣花草堂，据原注来客是一位姓崔的县令。

首联写草堂户外景色，《江村》"清江一曲抱村流，长夏江村事事幽。自去自来堂上燕，相亲相近水中鸥"，可见初建草堂的当日，环境较为清幽，诗人心境较为闲静。据《列子》寓言讲，鸥鸟极灵性，只肯与绝无算计的素心之人来往。这里一方面有满意，另一方面也有不满，这从"但见"二字略可会意，可见交游冷淡。如此写来，自然也就含有客人将至的欣喜。次联为名句，以对话口气道："花径不曾缘客扫，今始为君扫之；蓬门不肯为客开，今始为君开之。"二句于流水作对中有互文映带，于殷勤中见深情。

三联写饮酒，讲的虽然是家居太偏远、酒菜欠丰盛一类表示歉疚的话，但这生活中常有的客套，洋溢着普遍的人情。其中当然包含着几分坦诚，却又不必过分认真，有人情味自足动人。酒过几巡，主人才想起邻居的老头能喝，不妨请他也来陪客喝两杯。这在生活中也是常有的事，随便的关系，往往意味着亲密，"肯与"云云是问的口气，先征求一下明府的意见，明府自然客随主便。邻翁既能喝酒，想必也是个豪爽的人，杜二先生这样赏脸，他有什么不肯来的。

黄生说此诗"前半见空谷足音之喜，后半见村家真率之趣"，单看最后的两句，太接近于口语，简直不像律诗的句子。又说"杜律不难于老健，而难于轻松"，这首诗与《江村》、《狂夫》等一样，妙于潇洒流逸之致。于此可见老杜包容之大。

奉济驿重送严公四韵

（唐）◎杜　甫

远送从此别，青山空复情。几时杯重把，昨夜月同行。列郡讴歌惜，三朝出入荣。江村独归处，寂寞养残生。

唐人送别送多远？以分手的当日论，如果以城门为起点，行驿道，在“十里五里，长亭短亭”处饯别。通常是一般关系送五里，即短亭处，情义至深者送十里，即长亭处。在京城长安送别，情至深者，东行送至二十里之灞桥，蔚成著名的灞桥折柳赠别风俗；西行则送至三十里之咸阳桥（又称西渭桥），如王维《送元二使安西》。

此诗为杜甫在绵州送别严武之作，竟送到了离州治三十里处的奉济驿，情义何其深厚也。然而这只是分手日的送别之程。往回看，这次送别，杜甫是从成都送出的，未出成都时，有《奉送严公入朝十韵》诗；送了近二百里到达绵州，又有《送严侍郎到绵州同登杜使君江楼宴得心字》诗。当然，这一路行来，严武自有不少应酬，非止一日。故杜甫奉济驿之作，曰“重送”，首句言“远送”，真谓“远”矣。

原来，严武为剑南节度使，杜甫流寓成都，二人过从甚密。严武不仅经济上给杜甫以极大的援助，诗歌创作上亦彼此唱和，是杜甫的依靠和知音。宝应元年（762），代宗初践位，召严武还朝，故有此别。

仇兆鳌《杜诗详注》卷十一：“黄生曰：‘上半叙送别，已觉声嘶喉哽。下半说到别后情事，彼此悬绝，真欲放声大哭。送别诗至此，使人不忍再读。’青山空复，伤情怅别，易生悲也。三、四言后会无期，而往事难再，语用倒挽，方见曲折。若提昨夜句在前，便直而少致矣。列郡，指东、西两川。讴歌，蜀人思慕也。三朝，指明、肃、代宗。出入，迭为将相也。方虚谷云：首句极酸楚，结尤彷徨无依。”此说已详，无复赘言。

元日示宗武

（唐）◎杜　甫

汝啼吾手战，吾笑汝身长。处处逢正月，迢迢滞远方。飘零还柏酒，衰病只藜床。训喻青衿子，名惭白首郎。赋诗犹落笔，献寿更称觞。不见江东弟，高歌泪数行。

春节向来是中国人最隆重、喜庆的节日，亲人团聚，家庭和乐，亲情在这个节日里随处洋溢。可是大历三年（768）正月初一，身经乱离的杜甫一家，还流落在夔州。艰难苦恨，时逢春节，老病潦倒的杜甫写了这首诗给次子宗武。从诗歌所表现的悲喜交加情景，我们能强烈地感受其至浓的亲情。

首联说宗武因见父亲手战（颤）而泣啼，父亲则见宗武身体长高了而喜笑。二句都暗扣题目"元日"写来，有新年添岁之意。然而添岁，对于垂老者和青少年，含义有所不同。垂老者更身随年老，悲易生；青少年则身随年长，是为喜。以宗武的年龄已懂事，知怜爱父亲；垂老多病的父亲，则为儿子的成长感到喜悦。故《杜臆》云："啼手战，见子孝；笑身长，见父慈。"父子情深。孺子可教，所以这一天，杜甫还写了《又示宗武》诗，专言训子，一片苦心，其中有"明年共我长"、"十五男儿志"语，可以为此诗作注。

二至四联，都紧扣"元日"生发，触景伤怀。"处处"二句，乃每逢佳节倍思亲之意，说自己的大家庭的亲人们，各在一方，新年也不能相聚。"滞远方"的原因，在不言之中，极沉郁顿挫。"飘零"二句，说在流落之中过新年，再穷困，一家人无论如何还是要共饮柏酒，祈愿寿康的；自己常年以来衰病缠身，都是在藜床上度过的呀！苦中作乐，苦长乐短，令人读之酸鼻。但可见一家老小患难与共，相濡以沫，对生存的渴望，何其强烈。"训喻"二句，是说教导宗武勤奋好学，立志成才；而惭愧自己已年老无成。寄望于儿子，何其殷切。"赋诗"二句，叙写自己赋诗时笔都掉了，照应"手战"；家人一齐举杯祝寿，照应"柏酒"。

尾联，原注"第五弟丰漂泊江左，近无消息"，诗人忆江左弟不见而悲，高歌当哭，泪作数行下，此又见为兄者之慈爱，手足情深。对宗武来说，这也是一种潜移默化的家教。

下面两段话帮助我们理解该诗，很有启发。浦起龙《读杜心解》："情真语质之篇，自然合律。起四句，四意，提尽通篇。'柏酒'、'藜床'从'逢正'、'滞远'衍出。'青衿'、'白首'从'笑汝'、'啼吾'衍出。'落笔'、'称觞'，过递语脉。临觞而忆弟，正欲辍饮；振笔而高歌，联托悲吟。一时情事，历历在目。此四句，亦从'处处'、'迢迢'内衍出也。"仇兆鳌《杜诗详注》："此诗皆悲喜并言。啼手战是悲，笑身长是喜；逢正月是喜，滞远方是悲；对柏酒是喜，坐藜床是悲；子可教是喜，身去官是悲；赋诗称觞又是喜，忆泪行又是悲。只随意序述，而各有条理。"

江南逢李龟年

（唐）◎杜 甫

岐王宅里寻常见，崔九堂前几度闻。正是江南好风景，落花时节又逢君。

大历五年（770）作于长沙。李龟年是开元、天宝间著名歌唱家，《明皇杂录》云："开元中，乐工李龟年善歌，特承顾遇，于东都洛阳大起第宅。其后流落江南，每遇良辰胜景，为人歌数阕，座中闻之，莫不掩泣罢酒。"杜甫年轻时出入于洛阳社交界、文艺界（翰墨场），曾多次领略过李龟年的歌声。昨天的大名人，今日的漂泊者，猝然相遇，慨何胜言。诗人将可以写成大部头回忆录的内容，铸为一首绝句，然二十八字中有太多的沧桑。

岐王是玄宗御弟李范，崔九是玄宗朝中书令崔涤，这两人的堂宅分别在东都洛阳的崇善坊、遵化里。他们都是礼贤下士、在文艺界广有朋友的权贵人物，其堂宅也就自然成为当时的文艺沙龙。大歌星李龟年、洛阳才子杜甫都曾是这里的座上客。所以只一提"岐王宅"、"崔九堂"，当年王侯第宅、风流云集，种种难忘的旧事，就会一齐涌上心头。"寻常见"又意味着后来的多年不见和今日的难得再见，"几度闻"意味着后来的多年不闻和今日难得重闻（杜甫该是从那变得悲凉的歌声中发现李龟年的吧）。意味深长的是，当年没人会给"寻常"的东西以足够的重视，而今失去随时相聚的机会，相逢的经常性（"寻常"）本身也就成了值得珍视，不同寻常的东西了。这就是沧桑之感。

后二句写重逢，和以前的"寻常"和"几度"相呼应，是今日的"又重逢"。表面的口气像是说在彼此相逢的次数上又增加了一次，事实却不像它声称的如同春回大地那样简单。江南的春天的确照样来临，然而国事是"战血流依旧，军声动至今"，身世是"飘飘何所似，天地一沙鸥"，如此重逢岂容易哉！今日重逢，几时能再？李龟年还在唱歌，然而"风流（已）随故事，（又哪能）语笑合新声"（李端《赠李龟年》）？他正唱着"红豆生南国"、"清风明月苦相思"一类盛唐名曲，赚取乱离中人的眼泪，盛唐气象早已一去不返了。这恰如异日孔尚任《桃花扇》中《哀江南》一套所唱："俺曾见，金陵玉殿莺啼晓，秦淮水榭花开早，谁知道容易冰消。眼看他起朱楼，眼看他宴宾客，眼看他楼塌了。……残山梦最真，旧境丢难掉，不信这舆图换稿。诌一套哀江南，放悲声唱到老。"诗中"落花时节"的"好风景"，却暗寓着"流水落花春去也，天上人间"的沧桑感和悲怆感。

诗当是重逢闻歌抒感，却无一字道及演唱本身，无一字道及四十年间动乱巨变，无一字直抒忧愤。然"世运之治乱，年华之盛衰，彼此之凄凉流落，俱在其中"（《唐诗三百首》），这才叫"不著一字，尽得风流"。

风疾舟中伏枕书怀三十六韵奉呈湖南亲友

（唐）◎杜　甫

轩辕休制律，虞舜罢弹琴。尚错雄鸣管，犹伤半死心。圣贤名古邈，羁旅病年侵。舟泊常依震，湖平早见参。如闻马融笛，若倚仲宣襟。故国悲寒望，群云惨岁阴。水乡霾白屋，枫岸叠青岑。郁郁冬炎瘴，濛濛雨滞淫。鼓迎非祭鬼，弹落似鸮禽。兴尽才无闷，愁来遽不禁。生涯相汩没，时物正萧森。疑惑樽中弩，淹留冠上簪。牵裾惊魏帝，投阁为刘歆。狂走终奚适？微才谢所钦。吾安藜不糁，汝贵玉为琛。乌几重重缚，鹑衣寸寸针。哀伤同庾信，述作异陈琳。千暑岷山葛，三霜楚户砧。叨陪锦帐座，久放白头吟。反朴时难遇，忘机陆易沉。应过数粒食，得近四知金。春草封归恨，源花费独寻。转蓬忧悄悄，行药病涔涔。瘗夭追潘岳，持危觅邓林。蹉跎翻学步，感激在知音。却假苏张舌，高夸周宋镡。纳流迷浩汗，峻址得嵚崟。城府开清旭，松筠起碧浔。披颜争倩倩，逸足竞骎骎。朗鉴存愚直，皇天实照临。公孙仍恃险，侯景未生擒。书信中原阔，干戈北斗深。畏人千里井，问俗九州箴。战血流依旧，军声动至今。葛洪尸定解，许靖力难任。家事丹砂诀，无成涕作霖。

唐代宗大历五年（770）冬，贫病交加的杜甫带着一家八口，从长沙乘船往岳阳，经过洞庭湖时，风疾（即风痹病）愈加严重，不仅半身偏枯，而且卧床不起。他想到将不久于人世，百感交集，于是作下此诗，寄呈给湖南的亲友。诗中叙述了自己的病情，回顾了半生颠沛流离之苦，向亲友托付了后事，充满着凄切动人的家国之忧。此诗写后不久，他就辞世而去。这是他的绝笔，是他生命的最后时日，在诗歌创作上放射出的耀眼的光辉，因而成为文学史上的名篇。

全诗的基调是忧苦。诗分四段，每段紧扣这个基调，从不同的方面宣泄了自己的忧思愁苦，同时交织融会，产生了动人心魄的力量。

第一段从“轩辕休制律”到“时物正萧森”，正面入题，从风疾叙起，接写湖中行船所见所感，着重表现病苦。开始四句，王嗣奭说：“起来四句愤激语。”杨伦评曰：“发端奇警。”对此，萧涤非先生有深刻的解释：“这四句得连看，因第三句申明第一句，第四句申明第二句。这一开头，相当离奇，但正是说的风疾。风疾和轩辕（即黄帝）制律、虞舜弹琴有什么相干呢？这是因为相传黄帝制律以调八方之风，舜弹五弦之琴以歌南风（歌词有“南风之薰兮，可以解吾民之愠兮”），然而现在我却大发其头风，这岂不是由于他们的律管有错，琴心有伤吗？既然如此，那就大可不必制、不必弹了。这种无聊的想法，无理的埋怨，正说明风疾给杜甫的痛苦。”（《杜甫诗选注》）这四句的确表现了杜甫在长期病苦中无可奈何的激愤心情，以致有些神思恍惚。“如闻马融笛，若倚仲宣襟”，即以马融笛声比风疾发作时的耳鸣，以王粲登楼的“向北风而开襟”喻病苦中的颤抖。在长期重病的摧残下，诗人的心情坏到极点。节候又正值萧条的冬季，他从船上看洞庭湖滨的景色，虽有“枫岸叠青岑”的特色，但那空中的寒云、阴暗的“白屋”（即茅屋）、浓雾般的瘴气、濛濛的淫雨以及祭鬼的鼓声、猫头鹰被弹落的哀鸣，无不带着浓厚的愁惨的色彩，更使诗人愁、闷迭起。“生涯相汩没，时物正萧森”，正是这种情景的明确写照。诗人采用情景交融的艺术手法，通过铺叙哀景来衬托自己的病苦，使得病苦之情倍增其苦。

第二段从“疑惑樽中弩”到“得近四知金”，是在第一段之后的转折，回顾往事，着重抒写自己“漂泊西南天地间”的忧疑、穷苦。“疑惑樽中弩，淹留冠上簪”用“杯弓蛇影”故事，说自己因世路险恶而疑畏多端，长期淹留不得归京。言外之意是，自己自从在京因疏救房琯得罪出走（“牵裾惊魏帝，投阁为刘歆”），以后一直在战战兢兢中过日子。至于生活上的困窘，那就更不堪提起了：吃的只是野菜羹，用的桌子“乌皮几”破得捆了又捆，穿的衣服补丁叠补丁，其他概可想见。在巴蜀十年和在楚地三年的频繁流浪中，虽然也承地方官的接待，得陪侍锦帐，但大多合不来，自己忙于衣食，只有庾信似的哀伤，哪里能写出陈琳那样的好文章？十分难能可贵的是，诗人尽管如此穷困，却仍然表现了铮铮硬骨：“应过数粒食，得近四知金。”生活虽然这样穷苦，但总比鷦鹩的“每食不过数粒”好一点，因此从来没有接受过暗昧的财物。君子固贫，而志不可移，这无疑是崇高品质的宣言。这一段中，也有对朝贵的讥讽（“微才谢所钦”、“汝贵玉为琛”）和对自己进退两难处境的感叹（“反朴时难遇，忘机陆易沉”），诗中交织、穿插，与世道、政治相连，在平静的叙述中，暗藏着奔涌起伏的激愤之情，把自己的穷苦表现得愈益深刻。

第三段从“春草封归恨”到“皇天实照临”，叙写入湖南后对亲友高谊的谢意，表现了作客他乡、无依无靠的孤苦。“春草封归恨，源花费独寻”，是向亲友说明入湖南而又转徙不定的原因。杜甫于大历三年(768)春天出峡至江陵，想从陆路北上，回河南巩县老家，但因种种原因而未果，所以只得南下，来寻找陶渊明《桃花源记》中的栖身之地，然而费心尽力，却总是找不到。两句诗里，漂泊无依之意，已深深地蕴涵其中。在“转蓬忧悄悄，行药病涔涔。瘗夭追潘岳”的极端困苦的情况下，只好“持危觅邓林(即手杖)”，像衰病者需要手杖的扶持一样，来投亲靠友，仰仗帮助了。而自己的愚直，也受到亲友的包涵，并得到夸奖。你们对我的知遇，真像“纳入众流的三江五湖浩瀚无涯，高地之上更耸立着高高的山峰。城府的大门冲着朝阳敞开，苍松翠竹掩映着清清的流水。人们都带着倩倩的笑脸，骑着骎骎的快马来投奔诸公。你们都具有慧眼能赏识像我这样既愚且直的人，唯愿皇天后地能照临我感激诸公的赤诚”(陈贻焮《杜甫评传》下卷)。这些感激之语说得情真意挚，但在感激的背后，我们也清楚地看到一位衰病交加、穷愁潦倒的老人那强为言辞、凄凉孤苦而老泪纵横的形象，显得格外悲切动人。“蹉跎翻学步”以下，表面上轻松，而经“转蓬忧悄悄”四句一衬，却分外沉重，这种互相衬托的手法，收到了入木三分的效果。

第四段从“公孙仍恃险”到末尾，笔势宕开，叹息战乱不息而伤己之将死于道路，流露出无限深长的人生悲苦。这一段是对全篇的总结，在简洁的文字中，包含着丰富的内容。一方面，“公孙仍恃险，侯景未生擒”、“战血流依旧，军声动至今”，藩镇作乱，天下战事不息，这是生灵涂炭、自己奔窜异乡的根本原因。另一方面，“书信中原阔，干戈北斗深”、“畏人千里井，问俗九州箴”，家乡音信断绝，归日杳不可期，更显得有异乡作客的不安和可怕。特别是最后四句：“葛洪尸定解，许靖力难任。家事丹砂诀，无成涕作霖！”更是极为沉痛。作者在一字一泪地哭诉：我衰病如此，定将像晋朝的葛洪尸解那样，必死无疑，现在已经无力像汉末许靖那样拖家带口远走安全之地；家事将像空有丹砂诀而炼不成金那样，无计可施，无法维持，想起来怎不叫人泪下如雨啊！作者的言外之意，是希望亲友在自己死后，能够伸出援助之手，给家小以照顾。这饱含深情的哀鸣，千载而下，读之仍然叫人伤感无尽！这里，我们不仅看到一位在垂死之际仍然为家小操心的慈祥而悲切的老人，更看到一位在生命的最后时日依然念念不忘国事，为天下而忧虑的爱国者的崇高形象，令人肃然起敬，高山仰止！这首绝笔，是伟大诗人杜甫一生不屈不挠、奋斗终身的宣言书，“是金剑沉埋、壮气蒿莱的烈士歌”，“是大千慈悲、慕道沉痛的哀生赋”(范曾《刘炳森隶书杜诗》序)，它将以其博大沉雄的气势和精妙绝伦的艺术，彪炳诗史，流传千古！

寄李儋元锡

（唐）◎ 韦应物

去年花里逢君别，今日花开又一年。世事茫茫难自料，春愁黯黯独成眠。身多疾病思田里，邑有流亡愧俸钱。闻道欲来相问讯，西楼望月几回圆？

此诗作于兴元元年（784）春滁州任所，诗中西楼当在滁州。去年朱泚叛军盘踞长安，德宗一直流亡奉天（今陕西乾县）。李儋为作者诗友，时官殿中侍御史，此诗叙离别及感时之思。谢榛《四溟诗话》谓律诗八句皆淡者，孟浩然、韦应物有之，本篇即是。

首联从前一年分别时说起，将花里话别的往事重提，出语淡雅，只于“又”字见情，足以引起对方同样的念旧。次联感时自伤。诗人离开长安，出守滁州这一年，政局发生了自安史之乱以来又一次动乱，事态严重；加之年近半百，又兼多病，国家和个人都看不到前途，看不到希望——“世事茫茫”、“春愁黯黯”，危苦孤寂之中，对故人也就特别思念。

由于政局不安，民生凋敝，在官者亦不能有大作为，看到邑有流亡的事实，自己不能不受良心谴责，感到惭愧，这就加强了本来就有的归田隐居的想法。两句语挚意切，向来为人传诵。宋人黄彻《䂬溪诗话》说：“余谓有官君子，当切切作此语。彼有一意供租、专事土木而视民如仇者，得无愧此诗乎。”

末联点明作意：听说你要来，故一直向人打听，可是看看西楼的月亮都圆了几回，还没有盼到。言下之意是盼对方快来。为什么不直说？因为这是写诗，寄情思于月缺月圆，与首联同归淡雅。

因为诗写在那样一个特定的年头，调子不免低沉，又都是肺腑之言，所以笔笔实在，声声入耳。五、六两句表现从政者的良心发现，为全诗增价。

韦应物（737—792？），京兆万年（今陕西西安）人。出身关中望族，玄宗天宝十载（751）以门资恩荫入官为三卫郎。肃宗乾元元年（758）进太学，折节读书。代宗广德元年（763）为洛阳丞。大历九年（774）为京兆府功曹。贞元中曾任左司郎中，世称韦左司。在此前后曾任滁州、江州、苏州刺史，世称韦江州、韦苏州。有《韦苏州集》。

喜见外弟又言别

（唐）◎ 司空曙

十年离乱后，长大一相逢。问姓惊初见，称名忆旧容。别来沧海事，语罢暮天钟。明日巴陵道，秋山又几重。

司空曙（720?—790?），字文明，广平（今河北鸡泽东南）人。早年赴京应试不第，安史乱中避地南方。代宗大历初任洛阳主簿，后入朝为左拾遗。德宗建中间贬长林县丞。贞元四年（788）前后，在剑南西川节度使韦皋幕中，官检校水部郎中，终虞部郎中。《全唐诗》存诗2卷。

诗写乱离时代中亲友乍然相见的迷惘心态。

诗中所写，当是表弟突然来访。只因二人幼遭乱离，一别多年，所以见面的刹那间微微表现惊讶，不得不问对方姓氏。首句中“一”字表现出这次相逢的戏剧性。当经过接谈，一面称表弟的名字，一面还在端详对方的容貌，回忆儿时印象，加以确认，然后再是深谈。好不容易见面，明天表弟却一定要走，使人感到深深的遗憾。诗人通过一次相遇，写出了荒乱年代一种最为普遍的世相。同时诗人司空曙有一首《云阳馆与韩绅宿别》与此诗主题相同，风味接近：“故人江海别，几度隔山川。乍见翻疑梦，相悲各问年。孤灯寒照雨，湿竹暗浮烟。更有明朝恨，离杯惜共传。”

不同的是，司空曙此诗的前半写老朋友骤然相见，彼此是不会记不起对方的名字和容貌的，只是倏然间觉得对方又老了很多，不免要叙叙年齿，发一通感慨。而此诗后半所写，与前诗内容就差不多了。

两诗敏锐地把握住特定时期特定情境下的感受，并将刹那间细腻的心理波折精确地描绘出来，于是成为异常动人的艺术表现。范晞文说：“‘马上相逢久，人中欲问难’，‘问姓惊初见，称名忆旧容’，‘乍见翻疑梦，相悲各问年’，皆唐人会故人之诗也。久别倏逢之意，宛然在目，想而味之，情融神会，殆如直述。前辈唐人行旅聚散之作最能感动人意，信非虚语。”（《对床夜语》）

喜外弟卢纶宿

（唐）◎ 司空曙

静夜四无邻，荒居旧业贫。雨中黄叶树，灯下白头人。以我独沉久，愧君相见频。平生自有分，况是蔡家亲。

此诗写在穷愁潦倒中可贵的亲情和友情。诗最有名的是第二联，谢榛《四溟诗话》说："韦苏州曰'窗里人将老，门前树已秋'，白乐天曰'树初黄叶日，人欲白头时'，司空曙曰'雨中黄叶树，灯下白头人'，三诗同一机杼，司空为优，善状目前之景，无限凄凉，见乎言表。"

盖自然界中，树木与人关系密切，生长规律相似而寿命较长，树木的枯黄自会引起人的衰老的联想，故桓温"木犹如此，人何以堪"能成千古名言，诗人亦用枯树黄叶作为衰老的象征意象。

同一机杼，司空曙句所以为优，一是因为他使用了名词句，舍去了描写陈述的语法部分，由于静态的呈示而突出了"黄叶"、"白头"的视觉印象，比较耐人品味；二是多了雨景和昏灯作为背景，大大加强了悲凉的气氛。

按，"蔡家亲"谓表亲，用羊祜为蔡邕外孙故事。

逢雪宿芙蓉山主人

（唐）◎ 刘长卿

日暮苍山远，天寒白屋贫。柴门闻犬吠，风雪夜归人。

此诗描写一次旅途投宿的深刻感受。

一户深山老林中的人家，会带给漂泊在外的人一种家的感觉，一种多么亲切温馨的感觉。投宿者情不自禁地融入了芙蓉山中的生活，一点也不陌生。他呼吸着茅屋中烟味很浓的空气，感受着山人的心情——尤其是深夜亲人从风雪中归来、家人心中石头落地的愉快心情。

这幅“风雪夜归人”的情景，不是看出来的，而是从狗叫声和狗叫后的人语嘈杂声中听出来的。狗叫是山村之夜的细节特征，诗人抓住了山村之夜的细节特征，所以给人印象深刻。

山中人在风雪之夜久久未归，弄得家人好等，显然是为生计而奔波。所以这首小诗还含蓄、间接地表现了山中人贫寒劳碌的生活境遇。

刘长卿（709?—790?），字文房，河间（今属河北）人，一说宣州（今属安徽）人，早岁居洛阳。玄宗开元间即应进士举，至天宝末始登进士第，释褐长洲尉。肃宗至德三载（758）摄海盐令，同年以事下狱，贬南巴。代宗永泰元年（765）前后入京。大历初以检校祠部员外郎出为转运使判官，后擢鄂兵转运留后，贬睦州司马。德宗建中初迁随州刺史。晚入淮南节度使幕。有《刘随州文集》。

酬李穆见寄

（唐）◎ 刘长卿

孤舟相访至天涯，万转云山路更赊。欲扫柴门迎远客，青苔黄叶满贫家。

李穆是刘长卿的女婿，颇有清才。《全唐诗》载其《寄妻父刘长卿》，全诗是："处处云山无尽时，桐庐南望转参差。舟人莫道新安近，欲上潺湲行自迟。"它就是刘长卿这首和诗的原唱。

刘长卿当时在新安郡（治所在今安徽歙县），"孤舟相访至天涯"则指李穆的新安之行。"孤舟"江行，带有一种凄楚意味；"至天涯"形容行程之远和途次之艰辛。不说"自天涯"而说"至天涯"，是作者站在行者角度，体贴他爱婿的心情，企盼与愉悦的情绪都在不言之中了。

李穆当时从桐江到新安江逆水行舟。这一带山环水绕，江流曲折，且因新安江上下游地势高低相差很大，多险滩，上水最难行。次句说"万转云山"，每一转折，都会使人产生快到目的地的猜想。而打听的结果，前面的路程总是出乎意料的远。"路更赊"，"赊"，即远，这三字是富于旅途生活实际感受的妙语。

刘长卿在前两句之中巧妙地隐括了李穆原唱的诗意，毫不著迹，运用入化。后两句则进而写主人盼客至的急切心情。这里仍未明言企盼、愉悦之意，而读者从诗句的含咀中自能意会。年长的岳父亲自打扫柴门迎接远方的来客，显得多么亲切，更使人感到他们翁婿间融洽的感情。"欲扫柴门"句使人联想到"花径不曾缘客扫，蓬门今始为君开"（杜甫《客至》）的名句，也表达了同样欣喜之情。末句以景结情，更见精彩，其含意极为丰富。"青苔黄叶满贫家"，既表明贫居无人登门，颇有寂寞之感，从而为客至而喜，同时又相当于"盘飧市远无兼味，樽酒家贫只旧醅"的自谦。称"贫"之中流露出好客之情，十分真挚动人。

将杜甫七律《客至》与此诗比较一番是很有趣的。律诗篇幅倍于绝句，四联的起承转合比较定型化，宜于景语、情语参半的写法。杜诗就一半写景，一半抒情，把客至前的寂寞，客至的喜悦，主人的致歉与款待一一写出，意尽篇中。绝句体裁有天然限制，不能取同样手法，多融情入景。刘诗在客将至而未至时终篇，三、四句法倒装（按理是"青苔黄叶满贫家"，才"欲扫柴门迎远客"），使末句以景结情，便饶有余味，可谓长于用短了。

送魏十六还苏州

（唐）◎ 皇甫冉

秋夜沉沉此送君，阴虫切切不堪闻。归舟明日毗陵道，回首姑苏是白云。

这首送别短章，写得感情深挚而又笔调轻灵，相当别致，历来为人们所传诵。

统观全篇，诗写作者的朋友魏十六从苏州（即“姑苏”）到常州（即“毗陵”，唐时常州为毗陵郡）方向来拜访他，返回苏州时，作者乘船送他。在秋夜沉沉的晚上，听得蟋蟀（即“阴虫”，南朝宋颜延年《夏夜呈从兄散骑车长沙诗》：“夜蝉当夏急，阴虫先秋闻。”）的切切鸣叫声，想到自己明天就要与友人分别回常州方向去了，心情有些伤感。诗歌曲折婉转地表达了诗人对朋友依依惜别的一片深情，仔细品味，其满怀真情感人肺腑。

这首诗之所以获得成功，首先是由于它真切地写出了送别时那种令人伤神的环境，通过环境的烘染，把即将离别的愁绪表达得婉转有致。“秋夜”，点出送别的时间。秋天气氛肃杀，特别是在秋天的晚上，本来就易于勾起对朋友的思念，而偏偏在此时，自己却要送好朋友离去，心中的滋味实在很不好受。“此送君”三字，字字含着送别时的凄苦之情。“沉沉”二字，是从视觉着笔，写在船上只见四野茫茫一片，暗夜深深，无边无际，什么也看不清。在这样的情景下，作者的心情当然是沉重的。同时，作者又从听觉着笔，写出两岸草丛中蟋蟀的鸣叫，似在互相倾诉，又似在低低伤泣，这种悲伤的秋声，使正要离别的人不忍再听下去。两句从视

皇甫冉（？—？），字茂政，润州丹阳（今属江苏）人。早慧，颇得张九龄器重。天宝十五载进士，授无锡尉，历左金吾卫兵曹。大历初累迁右补阙。《全唐诗》存诗200余首。

觉和听觉两个方面，选取了最能代表秋夜伤怀的景物，交织描写，虽没有明说送别的愁苦，然而这种愁苦却经过环境的渲染，令人黯然销魂，真正做到了“不著一字，尽得风流。语不涉难，已不堪忧”（司空图《二十四诗品》），可谓含蓄之至。

其次，更为巧妙的是，作者用想象中的明天，来和此时的秋夜形成对比，进一步表达了离愁别绪。作者想到，今夜，虽然有离别的愁苦，但毕竟还没有分手，朋友还可以在一起倾心叙谈。而送君千里终有一别，到明天，我就不得不回常州去了，那时我再在这只船中回望你所在的苏州，那就见不到你了，只能看见满天的白云。那时，舟中的我，凄然孤独之情，不是比今晚还要加深么？想到这些，正在夜中送行的诗人，心情自然格外沉重起来。后两句看似在写明日的白天，其实仍是在写今晚秋夜的心情。通过这样别出心裁的安排，秋夜送别时那种依依难舍之情，被表达得更为深刻。

另外，此诗的情感基调是低沉的，但是读起来却仍然有一种轻灵的感觉，其根本原因，就在于结句的精心安排。“回首姑苏是白云”，这一句尽管是作者在秋夜中的想象，但毕竟把读者的视线从沉沉“秋夜”转到了秋高气爽的白天，一下子变得明朗起来，读者的心情也为之一爽。特别是想象中诗人回望的身姿，与那姑苏上空悠悠飘动的白云，遥遥相对，组成了一幅悠然意远的画图，收到了以景语作结，令人回味无尽的效果。至于“沉沉”、“切切”两对叠字的运用，使诗歌读来朗朗上口，更具一种声情美。全诗婉转情深，而又“清颖秀拔”（张九龄评语），体现了作者特有的风格。

采莲词

(唐)◎张　潮

张潮(？—？)，曲阿(今江苏丹阳)人。

朝出沙头日正红，晚来云起半江中。赖逢邻女曾相识，并著莲舟不畏风。

唐朝有不少诗人写过以江南水乡采莲为题材的诗，反映了当时民间的劳动、爱情等生活。张潮这首《采莲词》却独标一格，它写出了采莲女互相帮助，共同战胜风浪的勇敢精神，至今读来，仍然感人至深。

第一句写采莲女早晨出发劳动时的情景："朝出沙头日正红。""沙头"，即江岸，因为江岸常有河沙淤积。那时，一轮火红的太阳正从东方升起，采莲女驾着一叶小舟，从江岸出发，向江水和莲叶深处荡去。"朝出"，不仅引起下句的"晚来"，更主要的是突出了采莲女的辛勤劳动，一天早早就出发了。"日正红"，说明天气正好，正可以趁此机会多采莲子，同时也写出江上红日初照的美景，衬托出采莲女精神焕发、朝气蓬勃的精神状态。第二句"晚来云起半江中"，紧承第一句，写采莲女经过一天的劳动，已经采得满船莲蓬高兴地归来，但黄昏风云忽变，江面上涌起乌云，这位经常出没水中、经验丰富的女子立刻明白，那是江上要开始刮风起浪的预兆。"云起半江中"，说明乌云已经很近，而且来势很猛。这两句从早上天晴，写到晚来云起，抓住了江上气象多变的特点，虽然事有突然，却很符合水乡的实际情况，因而显得形象生动。

就在风浪将起之际，第三句来了一个有力的转折——"赖逢邻女曾相识"。采莲女正在紧张中左顾右盼的时候，忽然发现一个曾经相识的采莲女，也正驾舟从江上划来，不禁转忧为喜。"赖逢"二字，曲曲传出这位女子万分惊喜的神情，她与"曾相识"的"邻女"大声招呼、喊话的情景，也见于言外。最后一句："并著莲舟不畏风。"两位聪明的姑娘凭借水上经验，机智地把两叶小舟并连在一起，增加了在水上的稳定度，充满信心地去战胜那即将到来的风浪。诗到这里戛然而止，后来的情况怎样呢？不得而知。但我们从"不畏风"的坚定从容语气中，可以想象到她们正站立船头，在坚强镇定地向前划行，她们一定会在风浪中勇敢搏斗，最终化险为夷。这两句语言精炼，内涵丰富，给人们留下了咀嚼不尽的余味。

稍早于张潮的崔国辅有一首《采莲曲》："玉溆(音 xù，水边)花争发，金塘水乱流。相逢畏相失，并著木兰舟。"后两句写女伴水上相逢，紧紧依靠，并驾齐驱的情景亦妙，可以参读。

送客还幽州

（唐）◎ 李　益

惆怅秦城送独归，蓟门云树远依依。秋来莫射南飞雁，从遣乘春更北飞。

李益（748—827），字君虞，凉州姑臧（今甘肃武威）人。代宗广德二年（764）凉州陷于吐蕃前，随家迁居洛阳。大历四年（769）登进士第，六年登制科举。大历九年（774）到贞元十六年（800）间，在唐王朝连年举兵防秋的形势下，辗转入渭北、朔方、邠宁、幽州节度使等幕府，长期从戎。有《李益集》。

幽州，唐时治所在蓟县（今北京大兴）。秦城，指长安。这是李益在长安送别回幽州友人的一首诗。

起句便言"惆怅"，黯然销魂的情态可知，凝重的惜别氛围笼罩了诗篇。朋友离别，即生"惆怅"，而朋友"独归"，又更多一份担心，"惆怅"的内涵复多一层，体贴、叮咛、珍重之意自在不言之中。次句落想于友人家乡的景物，极有情味。蓟门，古地名，《钦定日下旧闻考》："原今都城德胜门外有土城关，相传是古蓟州遗址，亦曰蓟丘。旧有楼馆，并废，但门存二。土阜旁多林木，蓊翳苍翠。'京师八景'有'蓟门烟树'，即此。"燕京八景是元代才取名的，其中"蓟门飞雨"在明代杨荣等人唱和诗中始改为"蓟门烟树"，不知是否受李益本诗句影响。李益曾为幽州节度从事，对蓟门环境是熟悉的，所以写来作为幽州景物的代表。而构成"蓟门云树远依依"诗句，意象富于张力，可有多重理解。其一，是道出友人对故乡的牵挂和归心，从"昔我往矣，杨柳依依"化来。朋友的分别，是令人痛苦的，但是朋友归乡情急，又是不可挽留的。其二，是有意点出友人故乡蓟门云树的"依依"，温暖其心，伴其孤独，慰藉其遥遥旅途之苦。其三，是谓今后我在秦城，君在蓟门，相隔遥远，唯有寄"云树之思"——此意从杜甫《春日忆李白》"渭北春天树，江东日暮云"化来，情深意长。

后二句发奇想，借鸿雁传书的典故生发，说秋来不要射杀往南飞的大雁，任凭它春天再往北飞时，我还要让它给幽州的朋友捎去书信呢。情到深处便为痴，唐人自是领会这种痴情的，所以它成了一种表意手段。张籍《蓟北春思》便云："今朝蓟城北，又见塞鸿飞。"

游子吟

（唐）◎孟　郊

慈母手中线，游子身上衣。临行密密缝，意恐迟迟归。谁言寸草心，报得三春晖！

孟郊（751—814），字东野，湖州武康（今浙江德清）人。少隐嵩山，贞元十二年（796）登进士第，十六年任溧水尉，后辞官。曾任河南水陆运从事，试协律郎。宪宗元和九年（814）迁兴元军参谋，试大理评事，赴任时暴死途中。友人张籍等私谥贞曜先生。有《孟东野诗集》。

孟郊诗多抒写穷愁，用字造句力避平庸浅率，而就生新瘦硬，故苏轼谓之“郊寒岛瘦”。所谓“寒”、“瘦”，在内容上指言贫叫苦，在艺术上则指苦吟和一种清峭的意境美。方牧素描孟郊：“冷露滴破残梦，峭风梳篦寒骨；暮年登第，一生才说几句痛快话。”可谓得之。

《游子吟》是孟郊享誉千古之作。在香港的民意测验中，此诗高居最知名十佳唐诗的榜首。此诗关键在于诗人抓住了母爱与孝道这一在中华民族文化心理结构中占有特别重要地位的题材，且表现得深入浅出。诗作于贞元十六年（800）溧水县尉任上，自注云：“迎母溧上作。”

前四句摄取生活中一个常见的情景，慈母为游子准备行装，临行前夕，在灯下缝缝补补。这幅图画表现的是贫寒之家，儿子出门不能盛其服玩车马之饰，然而母爱是“论心不论迹”的。从“临行密密缝”这个场面所流露的质朴无华的人性美，足以使任何“金缕衣”失去光辉。

在母亲眼中，孩子永远是孩子，不管他走向何方，不管他走得多远，都永远走不出母亲的目光，走不出母亲的思念。从感情上讲，母亲希望孩子早些回来的，这是“意恐迟迟归”的一层含义。而从理智上讲，母亲又本能地深知，孩子必须经风雨、见世面，所以不管怎样的不放心，也决不会把他拴牢在自己身边。母亲缝下密密的针脚，怕衣服不经穿，这是“意恐迟迟归”的又一层含义。换言之，怕衣服不经穿，乃是“临行密密缝”的深层原因。

最后两句是针对迎母溧上这件事而言的。谋到一官半职，不忘老母，这片赤子之心天然感人。而诗人还进一步辨认孝心与母爱的区别：孝心是出于报恩的意识，而母爱是无条件、无意识的，是像春风与阳光一般的不求回报的。

《诗经·小雅·蓼莪》云“哀哀父母，生我劬劳”、“欲报之德，昊天罔极”，此诗结尾也是一样的意思。母爱固然伟大，赤子之心也很动人，这是构成此诗内容的两个基本点。所有的人都是母亲的孩子，对此本来就容易发生共鸣，再加上形象感人的描写和兴到笔随的比兴，取得的效果尤佳。

送桂州严大夫

(唐)◎韩　愈

苍苍森八桂，兹地在湘南。江作青罗带，山如碧玉篸。户多输翠羽，家自种黄柑。远胜登仙去，飞鸾不假骖。

韩愈（768—824），字退之，河南河阳（今河南孟县）人，郡望昌黎。德宗贞元八年（792）登进士第，任节度推官，其后任监察御史等职。十九年因触怒权臣，贬阳山令。宪宗即位，量移江陵府法曹参军。元和元年（806）召拜国子博士。十二年从裴度讨淮西有功，升任刑部侍郎。十四年谏迎佛骨，贬潮州刺史。次年穆宗即位，召拜国子祭酒。长庆二年（822）转吏部侍郎、京兆尹。卒谥文。有《昌黎先生集》。

杜甫未到桂林而有咏桂林的诗（《寄杨五桂州谭》）。韩愈未到桂林，也有咏桂林的诗，这就是长庆二年(822)为送严谟出任桂管观察使所作的《送桂州严大夫》。可见在唐代，桂林山水已是名闻遐迩，令人向往的所在。

诗一起就紧扣桂林之得名以其地多桂树而设想：“苍苍森八桂”。八桂而成林，本是神话传说中的事，运用来咏桂林，真是既贴切又新鲜，把那个具有异国情调的南方胜地的魅力渲染出来了。“兹地在湘南”，表面只是客观叙述地理方位，说桂林在湘水之南，言外之意却是那个偏远的地方，多么令人神往，启人遐思！

桂林之奇，首先奇在地貌。由于石灰岩层受到水的溶蚀切割，造成无数的石峰，千姿百态，奇特壮观。漓江之水，则清澈澄明、蜿蜒曲折。“江作青罗带，山如碧玉篸”，就极为概括地写出了桂林山水之特点，是千古脍炙人口之名句。但近人已有不以为然者，如郭沫若《游阳朔舟中偶成》云“罗带玉簪笑退之，青山绿水复何奇？何如子厚訾州记，拔地峰林立四垂”，日人吉川幸次郎《泛舟漓江》云“碧玉青罗恐未宜，鸡牛龙凤各争奇”等。不过，亲到过桂林的人，对这种批评却未必尽能同意。桂林之山虽各呈异态，但拔地独立却是其共同特点。用范成大的话来说：“桂之千峰皆旁无延缘，悉自平地崛然特立，玉简瑶簪，森列无际，其怪且多如此，诚为天下第一。”（《桂海虞衡志》）而漓江之碧澄蜿蜒，流速缓慢，亦恰如仙子飘飘的罗带。所以这两句是抓住了山水形状之特色的。“桂林山水甲天下”，其实只是秀丽甲于天下，其雄深则不如川陕之华山、峨眉。桂林山水是比较女性化的，韩愈用“青罗带”、“碧玉簪”这些女子的服饰或首饰作比喻，可以说妙到毫颠。怎能说不奇，又怎能说“未宜”呢？

“户多输翠羽，家自种黄柑”二句则写桂林特殊的物产。唐代以来，翠鸟羽毛是极珍贵的饰品，则其产地也就更有吸引力了。加之能日啖“黄柑”，更叫游宦者“不辞长作岭南人”了。这二句分别以“户”、“家”起始，是同义复词拆用，意即户户家家。对于当地人来说是极普通的物产，对于来自京华的人都是感到新异的呢。

以上两联着意写出桂林主要的美异之点，酿足神往之情。最后归结到送行之意，严大夫此去桂林虽不乘飞鸾，亦“远胜登仙”。此为题中应有之义，难能可贵的是诗中写出了逸致，令人神远。

韩诗一般以雄奇见长，但有两种不同作风：一种以奇崛见称，一种则文从字顺。此诗属后一类。写景大处落笔，不事雕琢；行文起承转合分明，悉如文句。凡此皆具韩诗本色。

赋得古原草送别

（唐）◎ 白居易

离离原上草，一岁一枯荣。野火烧不尽，春风吹又生。远芳侵古道，晴翠接荒城。又送王孙去，萋萋满别情。

此乃白居易少作。据《唐摭言》、《幽闲鼓吹》等记载，白居易青年时代曾携此诗赴长安谒名士顾况，顾睹姓名打趣道："长安米贵，居大不易。"及读此诗，乃改口郑重道："有句如此，居亦何难。"因为之延誉。唐人于指定限题作诗，题目前加"赋得"二字。《古原草送别》即所拟诗题。

此诗重点放在咏"古原草"，最后带出送别之意。首联即破题面"古原草"三字，点明不是一块草地，而是大草原，"离离"叠字，状出草色之茂密、景象开阔；"一"字重出，形成咏叹，先道出一种生生不已的情味。

次联紧承上"枯荣"，歌咏野草所具有的顽强生命力。别致处在于不是一般地写草原的秋枯春荣，而是写野火燎原，把野草烧得精光。——强调毁灭的力量，毁灭的痛苦，是为了强调再生的力量，再生的欢乐。草置根大地，具有顽强生命力，草灰化为肥料，来年春草长势更旺。两句一句写枯，一句写荣，"烧不尽"与"吹又生"，何等唱叹有味，对仗亦自然天成，写出了一种在烈火中再生的典型，寓有哲理意味，故为名句。

紧接"又生"，转写古原景色。"古道"、"荒城"紧扣"古原"字面。虽然道古城荒，青草又使古原恢复了青春。前四句写草是白描，此二句"远芳"、"晴翠"更以藻绘染色；"侵"、"接"二字继"又生"写出迅猛扩展之势。这两句又安排了一个送别的环境。末联巧用《楚辞·招隐士》名句"王孙游兮不归，春草生兮萋萋"，翻出新意，不是面对草色怀远，而是在草色中送别，用刘长卿的话说，即"江春不肯留行客，草色青青送马蹄"，用李后主的话来说，即"离恨恰如春草，更行更远还生"，缴清"送别"的题意。

从命题作诗的角度看，全诗将"古原"、"草"、"送别"打成一片，神完意足，而且能融入深刻的生活感受，包含相当的哲理意味，故为佳作。

白居易（772—846），字乐天，晚号香山居士，又号醉吟先生，下邽（今陕西渭南）人。先世本龟兹人，汉时赐姓白氏。德宗贞元十六年（800）登进士第，十九年中书判拔萃科，授秘书省校书郎。宪宗元和十年（815）一度被贬江州司马。晚年以太子宾客分司东都，武宗会昌二年（842）以刑部侍郎致仕。有《白居易集》。

立秋日曲江忆元九

（唐）◎ 白居易

下马柳阴下，独上堤上行。故人千万里，新蝉三两声。城中曲江水，江上江陵城。两地新秋思，应同此日情。

白居易与元稹是非常亲密的朋友，二人交游和诗歌往来极多。白居易《祭元微之文》云："贞元季年，始定交分，行止通塞，靡不所同；金石胶漆，未足为喻。"元和四年（809）元稹为监察御史，因劾奏故剑南东川节度使严砺、河南尹房式等不法事，为执政者忌恨，于元和五年三月被借故贬为江陵府士曹参军。白居易时在朝为翰林学士，上疏论元稹不当贬，但不被采纳。同年写与元稹的诗歌有《春暮寄元九》、《劝酒寄元九》、《初与元九别后忽梦见之……》及本诗。

首二句言立秋日徘徊于曲江边的孤独，"独"字逼出对友人的思念。原来白居易在京师日，春秋时节常有曲江之游。若元稹亦在京师，是当邀与同游的。读白居易贞元二十年（804）作《曲江忆元九》："春来无伴闲游少，行乐三分减二分。何况今朝杏园里，闲人逢尽不逢君。"元和二年元稹自左拾遗出为河南尉，白居易《别元九后咏所怀》："同心一人去，坐觉长安空。"均道朋友离别后的失落感。又元和四年元稹奉使剑外，又不得参与白居易的曲江春游，白居易作《同李十一醉忆元九》诗；而就在同日，元稹亦远在"梁州"作《纪梦诗》云："梦君兄弟曲江头，也向慈恩院里游。"可见二人对曲江之游是如此心息相通的。今元稹远谪江陵，白居易独游曲江，惆怅、思念，更胜于往昔。

中间两联写景寄情，分别一句写元稹所在地，一句写自己眼前景，应对题目，立足曲江实景展开"忆"，两相关合。友情的纽带，将两地连通。最后两句作缩结，说两人虽身在异地，此日彼此相思，情感相同。此言不虚，因为两人都有这样同日思念对方的印证或感念，如前所举白居易《同李十一醉忆元九》和元稹《纪梦诗》，又如白居易《初与元九别后忽梦见之……》："晓来梦见君，应是君相忆。"

友情深挚如此，"元白"之交，难怪乎被后人称美不已。"慕路回之言赠，念元白之神交"（李东阳《西社别言诗引》），"缅怀元白交，千里梦魂依"（魏裔介《寄杨犹龙》），后代以为楷模。

忆江南三首

（唐）◎ 白居易

其　一

江南好，风景旧曾谙。日出江花红胜火，春来江水绿如蓝。能不忆江南？

有人统计，中晚唐文人词中，有两个地域最为词人所深情眷恋，反复咏写。其一是长安，另一则是江南。其中以后者尤甚。至花间、南唐诸词，十之八九也均以南国丽景和南国佳人作为主要背景和主要描写对象，而开此风气者便是白居易了。

词牌原名《望江南》，见于《教坊记》和敦煌曲子词。白居易即事名篇易一字为今名。白居易早年曾游江南，其后又在苏杭二州做官：穆宗长庆二年（822）至四年为杭州刺史，敬宗宝历元年（825）至二年为苏州刺史，后因目疾回到洛阳，时年五十五岁。回洛阳后，他写了不少怀念旧游的诗作。其中《见殷尧藩侍御〈忆江南〉三十首诗中多叙苏杭胜事余典二郡因继和之》云："君是旅人犹苦忆，我为刺史更难忘。"直到开成三年（838）六十七岁时写了《忆江南》三首。

《忆江南》是小令，"离首即尾，离尾即首"，这首词妙在写景，而写景只有中间七言一联十四个字。取舍取舍，所难在舍。而诗人对江南大多美景，一概舍去，却独取春花与江水，并极力染色之。春花本红，而在阳光下更显得鲜明夺目；江水本绿，而春来江水更见绿得可爱。红的"红胜火"，绿的"绿如蓝（蓝草）"，突出了江南之春给人的最强烈的感受和印象，以简明而大胆的设色取胜。

这里须注意的是题目中的"忆"字，才能发现更深层次上的诗意。原来词人写江南春，却身在北国。洛阳之春较之江南，可以说是姗姗来迟的，作者诗云："花寒懒发鸟慵啼，信马闲行到日西。何处未春先有思，柳条无力魏王堤。"（《魏王堤》）北方春花没有江南那样繁丽，而黄河、洛河、伊水，都不可能像江南之水一样清澈碧绿。在这种情况之下，"能不忆江南"？词中设问，正是在这样的前提下感发的；而江南的春花特红、江水特绿的感觉和印象，也正是在这样的前提下引起和加深的。

其　二

江南忆，最忆是杭州。山寺月中寻桂子，郡亭枕上看潮头。何日更重游？

此词中据要的仍是中间七言二句。杭州景物之多写不胜写，最有代表性的东西是什么呢？宋之问名篇《灵隐寺》：“楼观沧海日，门对浙江潮。桂子月中落，天香云外飘。”浙江潮和月中桂子，确乎是杭州最有特色的景物。关于钱塘潮，可参读《春江花月夜》。“郡亭”即郡楼，于郡楼设床卧而看潮，非太守不能如此。关于月中桂子，《南部新书》：“杭州灵隐寺多桂。寺僧曰：‘此月中种也。至今中秋望夜，往往子坠。’寺僧亦尝拾得。”有桂树就有桂子，是不是月中掉下来的难说，但有了这样的传说，才有令人神往的月下寻桂子的当地风俗。作者在写景的同时，写入了难以忘怀的旧事，读者也感到兴趣盎然。

其　三

江南忆，其次忆吴宫。吴酒一杯春竹叶，吴娃双舞醉芙蓉。早晚复相逢？

吴宫在姑苏，即苏州，此不言苏州而言吴宫，乃为协韵的缘故。据要的仍是中间两句：“吴酒一杯——春竹叶，吴娃双舞——醉芙蓉”，即一面饮美酒一面欣赏苏州美人的舞蹈。作者另一首诗中有“瓮头竹叶经春熟”句，而当时名酒多以“春”命名（见《国史补》），可见“春竹叶”当即“竹叶春”，应是“吴酒”的名称。“醉芙蓉”即红芙蓉，乃“吴娃”的形容写照。“娃”是吴地方言中对美女的称呼，西施就曾称娃（夫差为其筑“馆娃宫”）。联系前文“吴宫”，自能引起关于西施的联想，则舞女之美可知。一方水土养一方人，景美是一美，加上人美才是两全其美，这个道理也很简单。忆江南写上这样一笔可知是必要的。

三首词虽然都是写江南，但第一首是总写苏杭——故言“能不忆江南”，第二首专写杭州，第三首专写苏州。第一首重在写景，第二首兼重写事——故言“何日更重游”，第三首重在写人——故言“早晚（何时）复相逢”，措辞是极有分寸的。

酬曹侍御过象县见寄

（唐）◎ 柳宗元

破额山前碧玉流，骚人遥驻木兰舟。春风无限潇湘意，欲采蘋花不自由。

柳宗元（773—819），字子厚，河东（今山西永济）人。德宗贞元九年（793）登进士第，十九年擢监察御史里行。顺宗永贞中（805）与刘禹锡等参与革新。同年宪宗即位，革新失败，贬永州（今属湖南）司马。元和十年（815）回京，复出为柳州（今属广西）刺史。有《柳宗元集》（《河东先生集》）。

此诗作于柳州，为柳宗元得旧友曹侍御从象县（今广西象州）寄来的诗后的答诗。“破额山”当是象县附近柳江旁边的一座山，“碧玉流”指柳江春水。“骚人”本指屈、宋等楚辞作家，此作为志行芳洁的文人雅称，即指曹侍御。“木兰（一种香木）舟”为船之美称，用来作为对骚人形象的一种补充描写。这两句是想象曹侍御经过象县的情景，赞美之意亦寓其中。

后两句扣题面酬见寄。潇、湘本是二水，在零陵（永州）合流称潇湘，但与象县相距尚远，故有人认为此诗当是在永州时所作。按此二句系化用梁柳浑《江南曲》前四句（“汀洲采白蘋，日暖江南春。洞庭有归客，潇湘逢故人”）意，所谓“无限潇湘意”也就是无限思念故人之意。末句翻出新意，谓不但相见不自由，即欲采蘋花相赠，也不自由。口语直说就是：真对不起，收到了曹兄你写来的诗，可是身不由己，不能到象县见你。以致歉语气向朋友表达思念之情，许多难言处尽在不言中，故尤觉楚楚动人。

沈德潜谓：“言外有欲以忠心献之于君而未由意，与《上萧翰林书》同意，而词特微婉。”可备一说。

与浩初上人同看山寄京华亲故

（唐）◎ 柳宗元

海畔千山似剑芒，秋来处处割愁肠。若为化得身千亿，散上峰头望故乡。

柳宗元贬谪永州十年后，被放到比永州更边远的柳州做刺史。他曾写道："十年憔悴到秦京，谁料翻为岭外行。"（《衡阳与梦得分路赠别》）表面上的量移，实际上是政治迫害的继续。在柳州，柳宗元更多地接近州民，认真办了许多有利于百姓的事，受到民间称颂。但他的内心深处，并没有忘记自己"逐客"的身份。

一个秋高气爽的日子，和尚浩初从临贺到柳州来拜望柳宗元。这和尚是潭州人，很有文化，也耽爱山水，柳宗元便陪同他一起登览。面对奇峭有如尖刀直插云天的山峰，翘首北方，不见京国，柳宗元不禁触动了隐衷，真是"登高欲自舒，弥使远念来"（《湘口馆》），便吟成了这首《与浩初上人同看山寄京华亲故》。"上人"原本是佛教称有道德的人，后来被用作僧人的代称。

诗的第一句是写登览所见的景色，广西独特的风光之一是奇特突兀的山峰。苏东坡说："仆自东武适文登，并行数日。道旁诸峰，真如剑芒。诵子厚诗，知海山多奇峰也。"可见"海畔千山似剑芒"，首先是写实，是贴切的形容，同时又是引起下句奇特的联想的巧妙的设喻。剑芒似的尖山，这一惊心动魄的形象，对荒远之地的逐客，真有刺人心肠的感觉。

略提一下诗人十年环境的变迁，可以加深对这两句诗的理解。自永贞革新失败，"二王八司马事件"接踵而来，革新运动的骨干均被贬在边远之地。十年后，这批人有的已死贬所。除一人先行起用，余下四人与柳宗元被例召回京，又被复出为边远地区刺史。残酷的政治迫害，边地环境的荒远险恶，使他有"一身去国六千

里，万死投荒十二年”的感喟。虽然回不到京国，不由他不想念它和那里的亲友。他曾写过“岭树重遮千里目，江流曲似九回肠”的诗句，这与此诗的“海畔千山似剑芒，秋来处处割愁肠”都是触景生情，因景托喻，有异曲同工之妙。

“割愁肠”一语，是根据“似剑芒”的比喻而来，由山形产生的联想。三、四句则由“千山”进一步生出一个离奇的想象。前面已谈到，广西的山水别具风格，多山峰，山峰又多拔地而起，不相联属。韩愈诗云“山如碧玉簪”即由山形设喻。登高望时，无数山峰就像无数巨大的石人，伫立凝望远方。由于主观感情的强烈作用，在诗人眼中，这每一个山峰都是他自己的化身（“散上”一作“散作”）。这又使他感到自己只有一双眼睛眺望京国与故乡，是不能表达内心的渴望于万一的，而这成千的山峰，山山都可远望故乡，于是他突生奇想，希望得到一个分身法，将一身化作万万千千身，每个峰头站上一个，庶几可以表达出强烈的心愿。这个想象非常奇妙，它不但准确传达了诗人的眷念故乡亲友的真挚感情，而且不落窠臼。它虽然离奇，却又是从实感中产生的，有真实的生活基础，不是凭空构想，所以读来感人。

别舍弟宗一

（唐）◎ 柳宗元

零落残魂倍黯然，双垂别泪越江边。一身去国六千里，万死投荒十二年。桂岭瘴来云似墨，洞庭春尽水如天。欲知此后相思梦，长在荆门郢树烟。

该诗一气贯通，理解首句“零落残魂倍黯然”是关键。欲知此“关键”，就须了解有关的三个背景，背景明了，寻思下面各句之意，便迎刃而解。三个背景，一是柳宗元的贬谪遭遇，二是柳宗元的亲情状况，三是柳宗元的身体和心理状态。简要言之，贞元二十一年(805)柳宗元在朝任礼部员外郎，支持并参加了王叔文等革除弊政的活动，失败后贬为永州司马。在永州近十年，身心受尽煎熬。元和十年(815)正月召还京师，三月，出为柳州刺史，亦是贬谪。本诗即作于在柳州的第二年春末。柳宗元亲属极少，本无兄弟，父亲早逝；妻杨氏，贞元十二年结婚，未三年即卒，未留子嗣；母卢氏，陪儿子赴永州贬所，次年病逝；从弟宗直，曾随柳宗元在永州共患难，后又伴其来柳州，才数月，以疾卒；从弟宗一，今又与之相别，情实难舍。柳宗元遭贬以来，居常惴慄，贬斥之重，贬地之远，贬时之长，使其政治上极为失意。亲人日益减少，孤独感越是强烈；永州、柳州，“蛮夷”异俗之乡，卑湿炎瘴之地，柳宗元在生活上很不适应，因此患了多种疾病；又在永州时多遇火灾，数次火里逃生。长期压抑、忧虑、寂寞、痞疾伴随，自云“尤负重忧，残骸余魂，百病所集，痞结伏集”，“摧心伤骨”，使得身心俱损，每况愈下，憔悴不堪，未老先衰。知此，便易理解作者何以开篇即称“零落残魂”之言，而读者实知三年多后，柳宗元即逝于柳州，故读之使人潸然。

世间但言离别，就已黯然销魂，柳宗元在“零落残魂”之境况下，送别从弟，怎不“倍”加黯然？“双垂别泪越江边”，是关合二人写来。亲人无多，生离死别，从弟岂无意识？故不忍离别之情，兄弟皆然。然既离别，自是万不得已的事情。“越江”即“粤江”，此指柳江。临流挥泪，泪水与江水，已浑然不可分矣。颔联是对自己贬谪遭遇的概括，揭示了造成“零落残魂”的主要原因。“一身”突出其孤独，“去国六千里”指贬在柳州，距京城长安六千里之遥。前永州之贬，诗人曾有“四千里”之计程；今则有越贬越远，情何以堪。“万死”，言其经历死亡的危险之多。“投荒十二年”，迁谪永州、柳州荒远之地计已达十二年，十二年间发生了多少不堪回首的事情，且后尚不知其止也。柳宗元此年 44 岁，其中本是人生最应有所作为的十二年，竟在贬谪中，能无巨大之悲怆乎？读此联，如闻其撕心裂肺之声。颈联描绘典型景物，寓情于景。上句写柳州山头瘴气腾腾之恐怖，托言自己居留殊方之苦；下句写洞庭湖春尽夏至而水溢如天的景象，为从弟虑，即念其此去途程之遥和风险，有叮嘱、祈愿平安之意。惜别之情，何其深至！尾联言别后见面之难，唯托于梦。从弟前往之所在江陵，故云从今以后，我的相思之梦，就长着于荆门郢树了。“烟”字神远，扣远树，扣梦境。《唐诗选脉会通评林》林瑜云：“梦非实事，‘烟’正其梦境模糊，欲见不可，以寓其相思之恨耳。”全诗语意浑成，句句沉痛，凄凉苦楚，真切感人。

登柳州城楼寄漳汀封连四州刺史

（唐）◎ 柳宗元

城上高楼接大荒，海天愁思正茫茫。惊风乱飐芙蓉水，密雨斜侵薜荔墙。岭树重遮千里目，江流曲似九回肠。共来百越文身地，犹自音书滞一乡。

此诗作于元和十年（815）夏初至柳州贬所时。同年被召还京改贬的，还有"八司马"剩下的韩泰、韩晔、陈谏、刘禹锡四人，各被改贬为漳（今属福建）、汀（今福建长汀）、封（今广东封开）、连（今广东连县）州刺史。诗即寄赠四人之作。

首联写登高望远，兴起愁思。"大荒"指辽阔的原野或边远之地，"高楼"与"大荒"互形，则高益高、远益远，境界尤为莽苍，尤能兴起心事之浩茫。柳州下临潭水（即今柳江），"海天"实是江天，乃夸张愁思之漫无边际。两句境界宏大阔远，工于发端。

次联点明乃风雨登楼，一倍增其愁情。"芙蓉"、"薜荔"，撷芳于楚辞（《离骚》"制芰荷以为衣兮，集芙蓉以为裳"、"揽木根以结缡兮，贯薜荔之落蕊"），以譬君子；"惊风"、"密雨"以譬小人；"飐"而曰"乱"，"侵"而曰"斜"，以譬政治迫害，显有主观感情色彩。而取象尽出眼前景，故喻义如水中著盐，不见痕迹。就写景言，这两句是近景。

三联写远景，仍具比义。何焯云"岭树句喻君门之远，江流句喻臣心之苦"，乃就系心君国立言；从寄赠角度看，则心驰神往，而重岭密林遮断千里之目，漳、汀、封、连四州殆不可见，相思愁肠遂有如九曲之江水。

末联抒发感慨，言交通不便，不要说互访不易，连互通音信也很困难。诗人的高明之处，在于先下"共来"二字，然后再以"犹自"反跌，以启各散五方之意，由此收到了沉郁和唱叹的效果，形象地表现了他的九曲回肠。

同为唐人七律名篇，此诗与韩愈《左迁至蓝关示侄孙湘》不同，韩诗主情事，而此诗主情景，所以在表情上韩诗显，此诗隐。全诗前六句写登楼，气势开阔，景色苍凉，兴中有比；末二句寄人，感情沉郁。至于一气挥斥，则与韩诗并无二致。

送友人

（唐）◎ 薛 涛

水国蒹葭夜有霜，月寒山色共苍苍。谁言千里自今夕，离梦杳如关塞长。

薛涛（768？—832？），字洪度，长安（今陕西西安）人，父薛郧，因官寓蜀。薛涛早慧，通晓音律，不幸丧父。德宗贞元中韦皋镇蜀，召令侍酒，遂入乐籍，历事十一镇。与元稹、白居易、刘禹锡、杜牧等均有唱和。韦皋曾拟奏请朝廷授以秘书省校书郎之职，时人以女校书目之。有《薛涛诗集》。

昔人曾称道这位扫眉才子“工绝句，无雌声”，她这首《送友人》就是向来为人传诵的名篇。初读此诗，似清空一气；讽咏久之，便觉短幅中有无限蕴藉，藏无数曲折。

前两句写别浦晚景。“蒹葭苍苍，白露为霜”，可知是秋季。“悲哉秋之为气也，萧瑟兮草木摇落而变衰。栗兮若在远行，登山临水兮送将归”，这时节相送，当是格外难堪。诗人登山临水，一则见“水国蒹葭夜有霜”，一则见月照山前明如霜，这一派蒹葭与山色“共苍苍”的景象，令人凛然生寒。值得注意的是，此处不尽是写景，句中暗暗兼用了《诗经·秦风·蒹葭》“蒹葭苍苍”两句以下：“所谓伊人，在水一方。溯回从之，道阻且长；溯游从之，宛在水中央”的诗意，以表达友人远去、思而不见的怀恋情绪。节用《诗经》而兼包全篇之意，王昌龄“山长不见秋城色，日暮蒹葭空水云”（《巴陵送李十二》）与此诗机杼相同。运用这种引用的修辞手法，就使诗句的内涵大为深厚了。

人隔千里，自今夕始。“千里自今夕”一语，使人联想到李益“千里佳期一夕休”的名句，从而体会到诗人的无限深情和遗憾。这里却加“谁言”二字，似乎要一反那遗憾之意，不欲作“从此无心爱良夜”的苦语，似乎意味着“海内存知己，天涯若比邻”，可以“隔千里兮共明月”，是一种慰勉的语调。这与前两句的隐含离伤构成一个曲折，表现出相思情意的执著。

诗中提到“关塞”，大约友人是赴边去吧，那再见自然很不易了，除非相遇梦中。不过美梦也不易求得，行人又远在塞北，“天长地远魂飞苦，梦魂不到关山难”（李白《长相思》）。“关塞长”使梦魂难以度越，已自不堪，更何况“离梦杳如”。一句之中含层层曲折，将难堪之情推向高潮。此句的苦语，相对于第三句的慰勉，又是一大曲折。此句音调也很美，“杳如”的“如”不但表状态，而且兼有语助词“兮”字的功用，读来有唱叹之音，配合曲折的诗情，其味尤长。而全诗的诗情发展，是“先紧后宽”（先作苦语，继而宽解），宽而复紧，“首尾相衔，开阖尽变”（《艺概·诗概》）。

“绝句于六艺多取风兴，故视他体尤以委曲、含蓄自然为高”（《艺概·诗概》）。此诗化用了前人一些名篇成语，使读者感受更丰富；诗意又层层推进，处处曲折，愈转愈深，可谓兼有委曲、含蓄的特点。诗人用语既能翻新又不着痕迹，娓娓道来，不事藻绘，便显得“清”。又善“短语长事”，得吞吐之法，又显得“空”。清空与质实相对立，却与充实并无矛盾。

重赠乐天

（唐）◎元　稹

休遣玲珑唱我诗，我诗多是别君词。明朝又向江头别，月落潮平是去时。

元稹(779—831)，字微之，河南（今河南洛阳）人。贞元九年(793)明经及第，官至同中书下平章事。诗与白居易齐名，并称"元白"，同为新乐府运动的倡导者，有《元氏长庆集》。

陆时雍《诗镜总论》说："凡情无奇而自佳者，景不丽而自妙者，韵使之然也。"的确，有些抒情诗，看起来情景平常，手法也似无过人处，但读后令人回肠荡气，经久不忘，其艺术魅力主要来自回环往复的音乐节奏，及由此产生的"韵"或韵味。《重赠乐天》就是这样的一首抒情诗。它是元稹在与白居易一次别后重逢又将分手时的赠别之作。先当有诗赠别，所以此诗题为"重赠"。

首句提到唱诗，便把读者引进离筵的环境之中。原诗题下自注："乐人商玲珑（中唐歌唱家）能歌，歌予数十诗"，所以此句用"休遣玲珑唱我诗"作呼告起，发端奇突。唐代七绝重风调，常以否定、疑问等语势作波澜，如"莫愁前路无知己，天下谁人不识君"（高适）、"休唱贞元供奉曲，当时朝士已无多"（刘禹锡），这类呼告语气容易造成动人的风韵。不过一般只用于三、四句。此句以"休遣"云云发端，劈头喝起，颇有先声夺人之感。

好朋友难得重逢，分手之际同饮几杯美酒，听名歌手演唱几支歌曲，本是很愉快的事，何以要说"休唱"呢？次句就像是补充解释。原来筵上唱离歌，本已添人别恨，何况商玲珑演唱的大多是作者与对面的友人向来赠别之词呢，那不免令他从眼前情景回忆到往日情景，百感交集，难乎为情。呼告的第二人称语气，以及"君"字与"我"字同现句中，给人以亲切的感觉。上句以"我诗"结，此句以"我诗"起，就使得全诗起虽突兀而款接从容，音情有一弛一张之妙。句中点出"多""别"，已暗逗后文的"又""别"。

三句从眼前想象"明朝"，"又"字上承"多"字，以"别"字贯穿上下，诗意转折自然。四句则是诗人想象中分手时的情景。因为别"向江头"，要潮水稍退之后才能开船；而潮水涨落与月的运行有关，诗中写清晨落月，当近望日，潮水最大，所以“月落潮平是去时”的想象具体入微。诗以景结情，余韵不尽。

此诗只说到就要分手（“明朝又向江头别”）和分手的时间（“月落潮平是去时”），便结束，通篇只是心中事、口头语、眼前景，可谓“情无奇”、“景不丽”，但读后却余味无穷，给读者心中留下了深刻印象。原因何在呢？这是因为此诗虽内容单纯，语言浅显，却有一种萦回不已的音韵。它存在于“休遣”的呼告语势之中，存在于一、二句间顶针的修辞格中，也存在于“多”“别”与“又”“别”的反复和呼应之中，处处构成微妙的唱叹之致，传达出细腻的情感：故人多别之后重逢，本不愿再分开；但不得已又别，令人恋恋难舍。更加上诗人想象出在熹微的晨色中，潮平时刻的大江烟波浩渺，自己将别友而去的情景，更流露出无限的惋惜和惆怅。多别难得聚，刚聚又得别，这种人生聚散的情景，借助回环往复的音乐律感，就更能引起读者的共鸣。在这里，音乐性对抒情性起了十分积极的作用。

梦江南

（唐）◎ 皇甫松

兰烬落，屏上暗红蕉。闲梦江南梅熟日，夜船吹笛雨潇潇，人语驿边桥。

皇甫松（？—？），字子奇，自称檀栾子。睦州新安（今浙江淳安）人，皇甫湜之子。《全唐诗》存诗词27首。

此词写对家乡江南的怀念，妙在一个“梦”字。

“兰烬”即烛花，“兰”是妆点字面，此字与“红蕉”的“红”映带，给人以精美之感。“红蕉”乃花名，或即美人蕉，叶似芭蕉而小，其花鲜明可喜。词句是说画屏画着红蕉，或着蕉红色。两句描写的是夜晚室内的景象，暗示主人公醒来。室外可能正下着雨。

在朦胧状态中，还未消失他的残梦。他刚梦见过江南梅雨季节，在乌篷船上吹笛听雨，是何等飘逸轻软的情境，使人联想到宋词“自在飞花轻似梦，无边丝雨细如愁”（秦观《浣溪沙》）的名句。

而最后一句的“人语驿边桥”，不是别的“人语”，而是江南口音，吴侬软语。而词人对家乡的眷念之情，也表现得浓浓的了。词牌“忆江南”作“梦江南”，一字之改，更加切题。夏承焘谓此词末句有“蛇足”之嫌（《唐宋词欣赏》），很难令人同意。

谢亭送别

（唐）◎ 许　浑

许浑（？—？），字用晦，一作仲晦，润州丹阳（今属江苏）人。大和进士，官虞部员外郎，睦、郢二州刺史。有《丁卯集》。

劳歌一曲解行舟，红叶青山水急流。日暮酒醒人已远，满天风雨下西楼。

天下何处无送别？但有一些送别之地特别著名，是这些地方演绎的动人的送别故事，或是感染力极强的送别之作的传播，使之闻名天下。如灞桥、渭城、劳劳亭、万里桥、折柳桥、蓝桥、桃叶渡等，还有本诗所涉及的谢亭。

谢亭，在宣州城北郭外，又称新亭、谢公亭，谢朓任宣城太守时建。时友人范云前往零陵郡任内史，谢朓送别于此，有《新亭渚别范零陵》诗："洞庭张乐地，潇湘帝子游。云去苍梧野，水还江汉流。停骖我怅望，辍棹子夷犹。……心事俱已矣，江上徒离忧。"谢公亭因此成为送别之所。

此诗大致是许浑于开成间宦游宣州时，在谢亭这个有着送别传统古韵的环境送走友人后所作。"劳歌一曲解行舟"，言在一曲送别的歌声中，友人解缆上船了。三国时吴地筑有劳劳亭（在今南京西南），为送别之所，"劳歌"即原本指在劳劳亭唱的惜别之歌，《事文类聚》云："劳劳亭，送客处也。于此歌以送远，故谓劳歌。"泛指送别歌曲。如骆宾王《送吴七游蜀》说："劳歌徒欲奏，赠别竟无言。"皇甫曾《送郑秀才贡举》说："自怜归未得，相送一劳歌。"又，称"劳歌"、"离歌"都行，如骆宾王《送王赞府上京参选赋得鹤》："离歌凄妙曲，别操绕繁弦。"许浑诗亦有"离歌不断如留客"、"齐唱离歌愁晚月"等语，但"劳歌"无疑更带有经典式的底蕴。"红叶青山水急流"句写景寄情，恰如李白《谢公亭》所说："谢亭离别处，风景每生愁。客散青天月，山空碧水流。……今古一相接，长歌怀旧游。"许浑既在谢亭送别，谢朓送别事和李白《谢公亭》诗，他自然是极为熟悉的。又李白是唐高宗朝宰相许圉师的孙女婿，而据《新唐书·艺文志》、《唐才子传》等载，许浑是许圉师的后人，则许浑对李白诗歌更有一种亲近和认同感。确实"红叶青山水急流"句是"风景每生愁"的具体化，是"山空碧水流"大环境的当前时节景象，大有"今古一相接"的思致在焉。"急"字状水流态势，水急则舟速，同时传递出送行者内心的感伤，还与下句“人已远”相呼应。“日暮酒醒人已远”，道出饯别饮酒事，送友解缆时其实送行者已在醉态中，在送走友人之后更酒力发作，昏然入睡；待得醒来一看，友人已远无踪影。绝句最要讲究惜墨如金，饮酒饯别事虽前未写及，但后用“酒醒”点出，一举两得。又且读者若知许浑其他诗中有“一曲离歌酒一杯”、“一卮春酒送离歌”等句，则此“劳歌”声中，还在劝君更尽一杯酒，就不言而喻了。“满天风雨下西楼”，承接上句说来，言自己在无边的凄风楚雨中走下西楼，独自归去。离情缱绻，以景结之，含思无穷。

此诗真切地写出了送行者的“不堪之情”，极为感人，历来受到赞誉，无疑又为谢亭增加了送别的底蕴。

寄扬州韩绰判官

（唐）◎杜　牧

杜牧（803—852），字牧之，京兆万年（今陕西西安）人。宰相杜佑之孙。文宗大和二年（828）登进士第，登贤良方正能直言极谏科，授弘文馆校书郎。同年应沈传师之辟，为江西团练巡官，后随沈赴宣州。七年应牛僧孺之辟，在扬州任淮南节度府推官，转掌书记。九年回京任监察御史，后分司东都。开成中回京任左补阙，转膳部、比部员外郎，皆兼史职。武宗会昌二年（842）后出为黄州、池州、睦州等地刺史。宣宗大中二年（848）擢司勋员外郎，转吏部员外郎，四年复守池州。五年入为考功员外郎、知制诰，次年为中书舍人。有《杜樊川集》（《樊川文集》）。

青山隐隐水迢迢，秋尽江南草未凋。二十四桥明月夜，玉人何处教吹箫？

杜牧于大和七年(833)至九年春在扬州牛僧孺幕，韩绰为其同僚。此诗作于离扬以后。

前二句写江南秋光，包含着忆扬州和故人的情怀。“隐隐”、“迢迢”这一对叠字，不但画出山青水长、绰约多姿的江南风貌，而且暗示着双方相隔的空间距离，欧阳修《踏莎行》“离愁渐远渐无穷，迢迢不断如春水”、“平芜尽处是春山，行人更在春山外”可为之注脚。“草未凋”写江南秋色，清新旷远不同江北，句下寓有眷念旧地的深情。

后二句叙别来怀念之情。乃从扬州诸多美好印象中撷取最不能忘怀的时间——“明月夜”（参张祜《纵游淮南》“月明桥上看神仙”、徐凝《忆扬州》“天下三分明月夜，二分无赖是扬州”）、地点——“二十四桥”（一说扬州城内原有二十四座桥；一说只是一桥，相传古时有二十四位美女吹箫于桥上，故名。即使如此，桥名也能给人造成数量上的错觉），以调侃的口吻，询问对方的行踪。此处的“玉人”乃指韩绰，而“教吹箫”又把关于美女的传说阑入，使人感到韩绰的风流倜傥与情场得意，再加上“何处”二字悠谬其辞，令人读之神往。宋词人姜夔七绝《过垂虹》云：“自作新词分外娇，小红低唱我吹箫。曲终过尽松陵路，回首烟波十四桥。”深得小杜神韵，可以参读。

宿骆氏亭寄怀崔雍崔衮

（唐）◎ 李商隐

竹坞无尘水槛清，相思迢递隔重城。秋阴不散霜飞晚，留得枯荷听雨声。

崔氏兄弟为义山表叔及早期幕主崔戎之子，此诗系别二崔后旅宿寄怀之作，或为未仕前之作。

前二句由骆氏亭的清幽景色引起别后相思之情。竹坞是绿竹环合如屏障的幽深之处，水槛是傍水有栏杆的亭轩即骆氏亭。幽静清寥的境界，对于有所怀思的人来说往往是牵引思绪的一种触媒——或因境界的清寥而感寂寞，或因无良朋共赏幽胜而感惆怅。诗人离二崔所在的长安已相去日远，“相思迢递隔重城”句意之妙，在“迢递”不仅形路长，而且见情长，即身“隔”而情通也。

后二句写水亭秋夜，荷塘听雨，别具凄清萧飒之美，更添寂寥怀恋之思。独得在一“枯”字，枯荷或残荷无可寓目，但对于一个旅宿思友、永夜无眠的人，却是声声入耳（马茂元以为风吹枯荷，瑟瑟作响，听去犹如雨声，吴文英《唐多令》“何处合成愁，离人心上秋。纵芭蕉不雨也飕飕”即为此二句注脚，可备一解），“留”、“听”字写情入微。何义门曰：“下二句藏得永夜不寐，相思可以意得也。”

李商隐（813—858），字义山，号玉溪生。祖籍怀州河内（今河南沁阳），自祖父起迁居郑州（今属河南）。九岁丧父，从堂叔学习古文。大和三年（829）为令狐楚辟为幕僚。开成二年（837）登进士第。三年入泾原节度使王茂元幕，且入赘王家。为牛党中人所忌，致使仕途蹭蹬，长期辗转于幕府。有《李义山集》。

锦瑟

（唐）◎ 李商隐

锦瑟无端五十弦，一弦一柱思华年。庄生晓梦迷蝴蝶，望帝春心托杜鹃。沧海明月珠有泪，蓝田日暖玉生烟。此情可待成追忆，只是当时已惘然。

此诗当属晚作，因其情思意境朦胧，历代解说纷纭。主要有咏瑟（苏轼）、悼亡（朱鹤龄）、自伤身世（元好问、何焯）、自序其诗（程湘衡）诸说，实各执一端耳。全诗眼目在“思华年”、“成追忆”等字，当是闻瑟兴感，自伤身世（不排除悼亡内容），自可为别集之序诗矣。

首联由闻瑟而引起对华年盛时的回顾，即元好问所谓“佳人锦瑟怨华年”。据载古瑟五十弦（瑟二十五弦），弦各有柱以为支架，可以移动，以调整弦的音调高低（故不可“胶柱鼓瑟”）。“无端”犹言没有来由地、无缘无故地，是一种埋怨的口吻，意味略近“羌笛何须怨杨柳”之“何须”，是就音乐逗起听者怨思而发的。“一弦一柱思华年”，意味略近“弦弦掩抑声声思，似述平生不得意”，音乐引起听者深深的共鸣，不由得细把从前事一一回想。

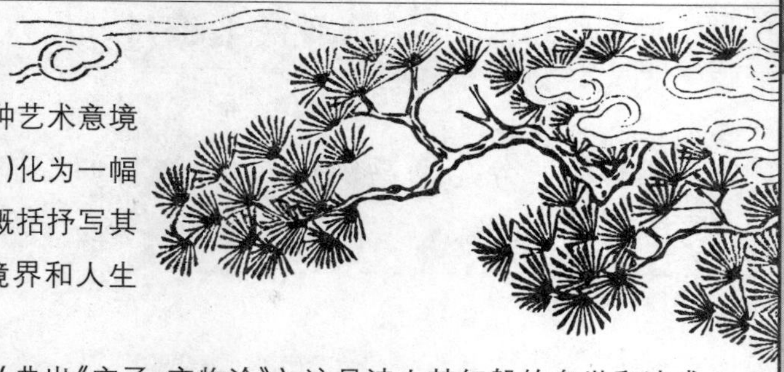

中两联用诗歌的语言和意象，将锦瑟的各种艺术意境（迷幻、哀怨、清寥、缥缈）化为一幅幅形象鲜明的画面，以概括抒写其华年所历的种种人生境界和人生感受。

一是庄生梦迷蝴蝶（典出《庄子·齐物论》），这是诗人梦幻般的身世和追求、幻灭、迷惘历程的一种象征，其中当然也可包括悼亡之痛。

二是望帝魂化杜鹃（典出《文选·蜀都赋》注），《华阳国志》等书还有望帝让国委位及杜鹃啼血之说，“春心”即伤春，在义山诗中常为忧国伤时及感伤身世等多种托寓，鹃啼则隐喻借诗歌发抒内心的积郁和哀怨（类语有咏莺的“巧啭岂能无本意，良辰未必有佳期”、咏蝉的“五更凄欲断，一树碧无情”）。

三是沧海月明而遗珠如泪，这里包含着一系列与珠有关的典故。古代认为海中蚌珠的圆缺和月亮的盈亏相应，所以此处将明珠置于沧海月明的背景之上；古代又有南海鲛人泣泪化珠的传说（见《博物志》），所以此处又由珠牵入泪；《新唐书·狄仁杰传》载仁杰微时为吏诬诉，黜陟使阎立本异其才，尝谓之“沧海遗珠”。全句由此构成一幅沧海月明、遗珠如泪的画图，隐隐透露出寂寥之感。

四是蓝田日暖而良玉生烟。蓝田山是有名的产玉之地，古人有“石韫玉而山辉，水怀珠而川媚”（陆机《文赋》）之说，司空图《与极浦书》引戴叔伦语“诗家之景，如蓝田日暖，良玉生烟，可望而不可置于眉睫之前”，诗人用此熟语的象征性含义，就是指平生所向往、所追求的理想境界之“可望而不可即”。四句虽各言一事，然由音乐意境统率，潜气内转，以浓重的悲怆迷惘情调一以贯之，加之对仗工整，故能彼此映带，有很强的整体感。

末联收束全篇，对“一弦一柱思华年”加以总括。谓如此情怀，哪堪追忆，只在当时已是令人不胜惘然；言下今朝追忆之怅恨，当如之何！以“可待”、“只是”作勾勒，尤觉曲折深至，令人低回不已。

总之，本诗是李商隐这位富有抱负和才华的诗人追忆在华年逝去时所奏出的一曲人生哀歌。这首诗和无题诗性质是相似的，诗中没有采取历叙平生的方式，而是将自己的悲剧性身世境遇和悲剧心理幻化为一系列象征性图景。这些图景既有形象的鲜明性、丰富性，又具有内涵的朦胧性和抽象性。这就使得它们没有通常抒情方式所具有的明确性，又具有较之通常抒情方式更为丰富的暗示性，能引起读者多方面的联想，最能代表义山诗意境朦胧、情调感伤、富于象征暗示色彩的特点。

续韦蟾句

(唐)◎ 韦　蟾　武昌妓

韦蟾(？—？)，字隐珪，下杜人。大中登进士第。咸通末，终尚书左丞。《全唐诗》存诗10首。
武昌妓，生平、姓字不详。

悲莫悲兮生别离，登山临水送将归。武昌无限新栽柳，不见杨花扑面飞。

韦蟾乃晚唐人，官至尚书左丞。《太平广记》卷273引《抒情诗》："韦蟾廉问(察访)鄂州，及罢任，宾僚盛陈祖席。蟾遂书《文选》句云：'悲莫悲兮生别离，登山临水送将归。'以笺毫授宾从，请续其句。座中怅望，皆思不属。逡巡，女妓泫然起曰：'某不才，不敢染翰，欲口占两句。'韦大惊异，令随口写之：'武昌无限新栽柳，不见杨花扑面飞。'座客无不嘉叹。韦令唱作《杨柳枝》词，极欢而散。"所载即此诗本事。《唐诗纪事》卷58所记略同。

沈德潜盛赞此诗道："上二句集得好，下二句续得好。"(《唐诗别裁集》)他这两句也评得好，只不过囫囵一些，须进一步赏析。

先说"集得好"。熟读古典的人，触景生情时，往往会有古诗人名句来到心间，如同己出，此外再难找到更为理想的诗句来代替。但将不同出处的诗句，集成新作，很难浑成佳妙。韦蟾二句“集得好”，首先在于他取用自然，与当筵情事极切合。送行的宾僚那样重情，而将离者亦复依依不舍，都由这两个名句很好地表达出来。其次，是取用中有创新。集句为联语，一般取自近体诗，但诗人却远从楚辞借来两句。“悲莫悲兮生别离”是屈原《九歌·少司命》中的句子，“登山临水兮送将归”是宋玉《九辩》中的句子，两句原来并不整齐。“悲莫悲兮生别离”本非严格意义的七言句，因为“兮”字是句中语气词，很虚，用作七言则将虚字坐实。而“登山临水兮送将归”共八字，集者随手删却一字，便成标准的七言诗句。这种“配套”法，不拘守现成，已含化用意味。再者，这两个古老的诗句一经拾掇，不但语气联贯，连平仄也大致协调（单论二四六字，上句为“仄平仄”，下句为“平仄平”）。既存古意，又居然新声，可谓语自天成，妙手偶得。

“悲莫悲兮生别离，登山临水送将归”，这是送行者的语气，自当由送行者来续之。但这二句出自屈宋大手笔，集在一起又是那样浑成；而送别情意，俱尽言中，续诗弄不好就成狗尾续貂。这里著不得任何才力，得全凭一点灵犀，所以一个慧心的歌女比十个饱学的文士更中用。

再说“续得好”。歌妓续诗的好处也首先表现在不刻意：集句抒当筵之情，信手拈来；续诗则咏目前之景，随口道去。但集句是“赋”，续诗却出以“兴”语。“诗不患无情而患情之肆”（《诗镜总论》），“善诗者就景中写意”（《昭昧詹言》）。由于集句已具送别之情意，语似尽露，采用兴法以景结情，恰好是一种补救，使意与境珠完璧合。“武昌”、“新柳”、“杨花”，不仅点明时间、地点、环境，而且渲染气氛，使读者即景体味当筵者的心情。这就使不尽之意，复见于言外。其次，它好在景象优美，句意深婉。以杨柳写离情，诗中通例，而“杨花扑面飞”，境界却独到，简直把景写活了。一向脍炙人口的宋词名句“春风不解禁杨花，蒙蒙乱扑行人面”（晏殊《踏莎行》）即脱胎于此。“新栽柳”尚飞花扑人，情意依依，座中故人又岂能无动于衷！同时杨花乱飞也有春归之意，“才始送春归，又送君归去”，难堪是加倍的。“不见”、“无限”等字，对于加强唱叹之情，亦有点染之功。七绝短章，特重风神，这首联句诗表现得颇为突出。

赠妓云英

（唐）◎罗　隐

钟陵醉别十余春，重见云英掌上身。我未成名君未嫁，可能俱是不如人？

罗隐（833—910），字昭谏，余杭新城（今浙江富阳）人。举进士十余年不第。懿宗咸通十一年（870）始为衡阳主簿。广明中黄巢攻陷长安，归隐池州（今安徽贵池）梅根浦。昭宗天祐三年（906）充节度判官。后梁开平二年（908）授给事中。有《罗隐集》。

罗隐一生怀才不遇，他“少英敏，善属文，诗笔尤俊”（《唐才子传》），却屡次科场失意。此后转徙依托于节镇幕府，十分潦倒。当初以寒士身份赴举，路过钟陵县（今江西进贤），结识了当地乐营中一个颇有才思的歌妓云英。约莫十二年后，他再度落第路过钟陵，又与云英不期而遇。见她仍隶名乐籍，未脱风尘，罗隐不胜感慨。更不料云英一见面却惊诧道：“罗秀才还是布衣！”罗隐便写了这首诗赠她。

这首诗为云英的问题而发，是诗人的不平之鸣。但一开始却避开那个话题，只从叙旧平平道起。“钟陵”句回忆往事。十二年前，作者还是一个英敏少年，正意气风发；歌妓云英也正值妙龄，色艺双全。“酒逢知己千杯少”，当年彼此互相倾慕，欢会款洽，都可以从“醉”字见之。“醉别十余春”，显然含有对逝川的痛悼。十余年转瞬已过，作者是老于功名，一事无成，而云英也该人近中年了。

首句写“别”，第二句则写“逢”。前句兼及彼此，次句则侧重写云英。相传汉代赵飞燕身轻能作掌上舞（《飞燕外传》），于是后人多用“掌上身”来形容女子体态轻盈美妙。从“十余春”后已属半老徐娘的云英犹有“掌上身”的风采，可以推想她当年是何等美丽出众了。

如果说这里啧啧赞美云英的绰约风姿是一扬，那么，第三句“君未嫁”就是一抑。如果说首句有意回避了云英所问的话题，那么，“我未成名”显然又回到这话题上来了。“我未成名”由“君未嫁”举出，转得自然高明。宋人论诗最重“活法”

——“种种不直致法子”(《石遗室诗话》),其实此法中晚唐诗已有大量运用。如此诗的欲就先避、欲抑先扬,就不直致,有活劲儿。这种委婉曲折、跌宕多姿的笔法,对于表现抑郁不平的诗情是很合宜的。

既引出“我未成名君未嫁”的问题,就应说个所以然。但末句仍不予正面回答,而用“可能俱是不如人”的假设、反诘之词代替回答,促使读者去深思。它包含着丰富的潜台词:即使退一万步说,“我未成名”是“不如人”的缘故,可“君未嫁”又是为什么?难道也为“不如人”么?这显然说不过去(前面已言其美丽出众)。反过来又意味着“我”又何尝“不如人”呢?既然“不如人”这个答案不成立,那么“我未成名君未嫁”原因到底是什么,读者也就可以体味到了。此句读来深沉悲愤,一语百情,是全诗不平之鸣的最强音。

此诗以抒作者之愤为主,引入云英为宾,以宾衬主,构思甚妙。绝句取径贵深曲,用旁衬手法,使人“睹影知竿”,最易收到言少意多的效果。此诗的宾主避就之法就是如此。赞美云英出众的风姿,也暗况作者有过人的才华。赞美中包含着对云英遭遇的不平,连及自己,又传达出一腔傲岸之气。“俱是”二字蕴涵着“同是天涯沦落人”的深切同情。只说彼此彼此,语气幽默。不直接回答自己何以长为布衣的问题,使对方从自身遭际中设想体会它的答案,语意间妙,启发性极强。如不以云英作陪衬,直陈作者不遇于时的感慨,即使费辞亦难讨好。引入云英,则双管齐下,言少意多。

鹊踏枝

（南唐）◎ 冯延巳

谁道闲情抛弃久，每道春来，惆怅还依旧。日日花前常病酒，不辞镜里朱颜瘦。　　河畔青芜堤上柳，为问新愁，何事年年有？独立小桥风满袖，平林新月人归后。

冯延巳(903—960)，一名延嗣，字正中，广陵（今江苏扬州）人。南唐烈祖（李昪）时为秘书郎，与李璟游处。中主保大中，累官至中书侍郎拜平章事，出镇抚州。后再入相，罢为太子少傅。有《阳春集》。

这首词着意建造的，是一种困扰人生的较为普遍的感情境界——词中谓之“闲情”。所谓闲情，不能简单化地解为爱情，而应指一种无缘无故的忧郁，一种莫名的烦恼，曹丕所谓“高山有崖，林木有枝。忧来无方，人莫之知”(《善哉行》)，有时简直就是一种周期性的情绪低落，或由时序物候感发(如“每到春来”特别是暮春时节，乍暖还寒时候)，或由生理变化引起。

情绪落到低谷后，往往会有所好转——就像天气预报的“阴转晴”，似乎“抛弃”了原来的惆怅。然而，这种“惆怅”还会周而复始地到来，令人感到沮丧。词中通过“抛弃”与“谁道”呼应，写出希望走出感情的低谷，渴望振作而不得的苦闷心情。正是这种心情，使人变得颓唐，借酒解脱，不惜自虐——“病酒”是饮酒伤身之意，“不辞”是不管之意。而下片又重起追问与反省——“为问新愁，何事年年有”，这“新愁”也就是“还依旧”的惆怅与闲情，可见内心的情结还未能解开，真有柔肠百折之感。这里刻画振作与颓唐、自怜与自弃的矛盾，是人生百态中一种典型的情态，还没有人道得像冯词这般深刻，乃至使得后世读者都能借其酒杯浇自己的块垒。

词中抒情既曰“闲情”，又曰“惆怅”、曰“新愁”，一篇之中凡三致意，有缠绵往复之致，而无直致发露之感，关键在下片有写景好句截住。“河畔青芜堤上柳”，连天的草色和飘拂的柳条，所唤起的，是一种绵远纤柔的情意。末二句“独立小桥风满袖，平林新月人归后”，则跳出自身，作自我观照，描绘了一幅风景人物画。以景语代替了情语，就耐人寻思。清诗人黄仲则诗云：“如此星辰非昨夜，为谁风露立中宵？”又云：“独立市桥人不识，一星如月看多时。”如果不是内心有一份难以解脱、百无聊赖的情绪，有谁会在寒风冷露的小桥上直立到中宵呢？黄仲则诗与冯延巳词句确有神似之处。谚云“不如意事常八九，能与人言不二三”，有时，不能与人言不是不愿与人言，而是自己都说不清。此词就十分细腻地写出了一种独立负荷的孤寂感，所谓“满纸春愁”又“很难指实”，的确是诗之所未能言的词境。

南乡子

（前蜀）◎李　珣

乘彩舫，过莲塘，棹歌惊起睡鸳鸯。游女带香偎伴笑，争窈窕，竞折团荷遮晚照。

此词写南方水乡女儿的欢乐。词人选择了黄昏日西时，她们从莲塘回家一路上笑语欢歌与嬉戏的情节来写，可以说抓住了水乡最有诗意的画面之一，突出了词的主题。

词一开始，作者就用了美化的笔触写“乘彩舫，过莲塘”，这就为画面增添了许多色彩，渲染了游女的轻松愉悦感。一般诗词提到鸳鸯，总是与爱情生活有关，或者是形容两情的款洽，或是反衬独身者的孤单，而此词则不然。“棹歌惊起睡鸳鸯”对于词中游乐的姑娘来说，纯属无意的行为。或许她们并未注意到池中还有睡鸳鸯，因而开怀放歌，倒引起了鸳鸯们的注意。这一写，就突出了姑娘们的天真无邪的快乐，也就是所谓“童心”。读者尤当体会，“棹歌惊起睡鸳鸯”绝不同于“可怜一阵无情棒，打得鸳鸯各一方”的煞风景，它是出于无心的，给荷塘添加了意趣。

以下便应是“鸳鸯”们眼中看到的一幅众女嬉乐图。读者不应放过词中的“偎”、“争”、“竞”三字，它们显示的是一种乐群的、友爱的乐趣，“偎伴笑，争窈窕”六字十分形象地写出她们打闹逗乐的情景。“荷叶罗裙一色裁，芙蓉向脸两边开”(王昌龄《采莲词》)，众女与荷花打成一片，“争窈窕”犹言一个比一个美。最后写她们迎着晚照归去，是一个如画的奇句，“竞折团荷遮晚照”表明了“游女”归去的方向是太阳落下的西方，正面照射的红光使她们感到耀眼，如若是“相呼归去背斜阳”的话，就不用折荷叶以遮脸了。“竞折”二字颇有意趣，在光照刺眼的情况下，人们总是不自觉地手搭凉棚以遮挡之，众女中必有一人先想到就地取材，手折荷叶当阳伞的，这一发明即刻引起女伴的效仿才出现了“竞折团荷”的生动画面。几只彩舫迎着夕阳归去，船上如花的少女们个个举着绿色的荷叶团盖，那情景真是美极了，恐怕画图难足吧。

作者善于观察生活，从中提取最生动的场面加以描写，前人谓之“景真意趣”。此词在设色选境、选词铸句上也多有可取之处，因而在小令的篇幅内容纳了丰富的生活内容，成为五代词中脍炙人口的名篇。

李珣（855?—930?），字德润，先世波斯人，家居梓州（今四川三台）。少有诗名，兼通医理，以秀才屡予宾贡。事蜀主王衍，妹为昭仪。蜀亡不仕。近人王国维辑有《琼瑶集》1卷。

书 哀

（宋）◎ 梅尧臣

梅尧臣（1002—1060），字圣俞，宣州宣城（今属安徽）人。少时应进士不第。历任州县官属。皇祐初赐进士出身，授国子监直讲，官至尚书都官员外郎。曾预修《唐书》。有《宛陵（宣城古称）先生文集》。

天既丧我妻，又复丧我子。两眼虽未枯，片心将欲死。雨落入地中，珠沉入海底。赴海可见珠，掘地可见水。唯人归泉下，万古知已矣！拊膺当问谁，憔悴鉴中鬼。

庆历四年（1044），梅尧臣自湖州入汴京，舟行途中，妻子谢氏不幸病故，给诗人精神上以沉重打击："结发为夫妇，于今十七年。相看犹不足，何况是长捐！"（《悼亡三首》）祸不单行，舟次符离时，次子十十（乳名）也相继亡故。眼看贤妻爱子接连去世，诗人不胜悲痛，《书哀》就是在这种境况中写成的。

诗一开篇就直书这段个人哀史。前两句完全是直白式："天既丧我妻，又复丧我子。"这里没有"彼苍者天，歼我良人"一样的激楚呼号，却有一种痛定思痛的木然的神情。人在深哀巨痛之中，往往百端交集，什么也说不出。"既丧……又复丧……"这种复叠递进的语式，传达的正是一种莫可名状的痛苦。诗人同一时期所作《悼子》诗云"迩来朝哭妻，泪落襟袖湿；又复夜哭子，痛并肝肠入"，正是"两眼虽未枯"的注脚。这里还使人想起杜甫《新安吏》"眼枯即见骨，天地终无情"的名句。《庄子》云"哀莫大于心死"，诗人这时感到的正是"片心将欲死"。

说"将欲死"，亦即心尚未死，可见诗人还迷惘着：难道既美且贤的妻、活蹦乱跳的儿就真的一去不返了？他不敢相信，可又不得不信。这里诗人用了两个联贯的比喻："雨落入地中，珠沉入海底。"雨落难收，珠沉难求，都是比喻人的一去不复返。仅这样写并不足奇，奇在后文推开一步，说"赴海可见珠，掘地可见水"，又用物的可以失而复得，反衬人的不可复生。这一反复，就形象地说明自己的悲痛，自己的损失，是不可比拟的，是无法弥补的。同时句子还隐含这样的意味，即自己多么希望人死后也能重逢啊！

然而，事实是不可能的，"他生未卜此生休"，故以下紧接说："唯人归泉下，万古知已矣！"这并不全然是理智上的判断，其间含有情感上的疑惑，难道真是这样的吗？这是无人能够回答他的问题，"拊膺当问谁"，诗人只好对镜自问了。"憔悴鉴中鬼"，正是他在镜中看到的自己的影子，由于忧伤过度而形容枯槁，有类于"鬼"，连他自己也认不出自己来了。最末两句传神地写出诗人神思恍惚、对镜发愣而喁喁独语的情态。

梦后寄欧阳永叔

（宋）◎ 梅尧臣

不趁常参久，安眠向旧溪。五更千里梦，残月一城鸡。适往言犹在，浮生理可齐。山王今已贵，肯听竹禽啼？

宋仁宗皇祐四年（1052）冬，梅尧臣丁母忧，从朝中太常博士任回到故乡宣城守丧。古制，父母去世，子女须守丧三年。这首诗是守丧的最后一年即至和二年（1055）写给在朝中为翰林学士兼史馆编修的好友欧阳修的，借梦叙述友情，亦借以表达回朝相聚的愿望，十分含蓄有味。

首联言自己未得在朝廷参见皇上，已经很久了，这期间都在故乡安居。“常参”，指定期入朝参见。“安眠”，指安居，用“眠”字，凸显闲居生活，呼应题目“梦”。

"旧溪",指故乡,宣城有句溪,梅尧臣诗云:"我家今不遥,正住句溪尾。"(《早发》)颔联描绘梦醒后的情景,说五更时分梦从"千里"而回,梦境远去,睁眼见到的是残月在天,耳畔报晓的鸡鸣声此起彼伏。诗中没有说梦的内容,但该诗是梦后寄给欧阳修的,且言"千里梦",应是梦至京师,与欧阳修相聚的情形了;因首句言"不趁常参久",抑或是梦见与欧阳修等僚友一起入朝参见呢。梦境本是迷离的,不必说出,对方也能领会,总是思念情深吧。"残月一城鸡"句最妙,以景寓情,形象突出,意境深远。正是欧阳修所赞的"涵演深远"(《梅圣俞墓志铭》)。闲居"安眠"之意、梦醒来的惝恍之情,隐然在焉。尤其是当时诗人"常参"的潜意识被引发,托兴写来,因为前代诗人笔下常写到的早朝,不乏眼前这种月沉、鸡鸣的情景,如戴叔伦《春日早朝应制》"月沈宫漏静",权德舆《奉和李相公早朝》"五更钟漏歇,千门扃钥开。紫宸残月下,黄道晓光来",沈佺期《和崔正谏登秋日早朝》"鸡鸣朝谒满",王维《春日直门下省早朝》"骑省直明光,鸡鸣谒建章",岑参《奉和中书贾至舍人早朝大明宫》"鸡鸣紫陌曙光寒,莺啭皇州春色阑",白居易《早朝》"鼓动出新昌,鸡鸣赴建章"等,何况梅尧臣自身曾"趁常参",深有体会呢?"一城鸡",不同于作者他诗所写的"云外一声鸡"(《鲁山山行》),亦有异于"云木葱茏处,鸡鸣古县城"(《送刘攽秘校赴婺源》),而更同于"礼成回近日,喜听早朝鸡"(《送李学士公达北使》)。"残月一城鸡"的这层深意,如果仅是梅尧臣自己一时偶然触感,倒也罢了,但写给身在朝廷的欧阳修,无疑是微婉含蓄地表达一种愿望了。颈联借题发挥,用梦境和梦后的虚与实阐说人生之理,表明自己可出可入的人生态度。尾联"言永叔已贵,无高眠之适矣"(方回《瀛奎律髓》)。"山"、"王"指山涛和王戎,是"竹林七贤"人物,二人后来出仕显贵。作者既以竹林友人作喻,便称闲居山野的自己为"竹禽"。"竹禽"指竹鸡,其性好啼,宣城多此鸟,梅尧臣屡咏之,如"相呼任竹鸡"、"穿林听竹鸡"等。"啼"乃谦称自己的本诗之言。然"啼"中有深意也。欧、梅挚友,自然心有灵犀。二人原本就政见、文学主张等相同,是互相理解的。梅尧臣守丧期满后回到京城,嘉祐元年(1056),欧阳修等举梅为国子监直讲,预修《唐书》,二年,欧知贡举,梅为参详官,均配合密切。

玉楼春

（宋）◎ 晏 殊

绿杨芳草长亭路，年少抛人容易去。楼头残梦五更钟，花底离愁三月雨。　　无情不似多情苦，一寸还成千万缕。天涯地角有穷时，只有相思无尽处。

晏殊（991—1055），字同叔，抚州临川（今江西抚州）人。景德中赐同进士出身。庆历中官至集贤殿学士、同中书门下平章事兼枢密使。谥元献。有《珠玉词》，清人辑有《晏元献遗文》。

首句绿杨、芳草、长亭路，无一物不关别情。“年少抛人容易去”，是说人们往往仗恃年轻，不把别离当回事儿，暗用了沈约“平生少年时，分手易前期”（《别范安成》）的诗意。

男性这样，女性可不这样。生在古代，女性世界远没有男性的宽广，伊的心里，就只装着他一个人哩。无怪伊经常被五更钟声惊残好梦，无法再寻；无怪伊看着春花浴着三月的细雨，就想到那是在替人惜别呀。

要能无情就好了，就不会像现在这样倍受熬煎，把一寸芳心都撕成千丝万缕了——伊这样想道——可女性偏偏又是唯情的呀。

“天涯地角有穷时，只有相思无尽处”二句当从“天长地久有时尽，此恨绵绵无绝期”点化而来，然彼咏死别，此咏生离，自有分寸，所以为佳。

御街行

（宋）◎ 范仲淹

范仲淹(989—1052)，字希文，苏州吴县（今属江苏）人。真宗大中祥符八年(1015)进士。仁宗宝元三年(1040)任陕西经略安抚招讨副使，兼知延州。庆历三年(1043)任参知政事，推行新政。后夏竦等中伤，罢政，出任陕西四路宣抚使。卒谥文正。有《范文正公集》。

纷纷堕叶飘香砌。夜寂静，寒声碎。真珠帘卷玉楼空，天淡银河垂地。年年今夜，月华如练，长是人千里。　　愁肠已断无由醉。酒未到，先成泪。残灯明灭枕头倚，谙尽孤眠滋味。都来此事，眉间心上，无计相回避。

一本有副题“秋日怀旧”。上片描绘秋夜寒寂的景象。古人云“一叶落而知天下秋”，前三句不言秋，而“纷纷堕叶”已见得秋意满纸。“碎”是细碎的意思，细碎的落叶之声都听得到，可见夜是如何的“寂静”了。这三句提供给读者的是听觉形象。

“真珠帘卷”二句出顾况《宫词》“真珠帘卷近秋河”，极写孤独失眠况味。而“天淡银河垂地”，景色特别明朗，虽是赋景，情在其中——盖“银河”两岸即牛女也。以下“年年今夜”三句作一气读，语出谢庄《月赋》“美人迈兮音尘阙，隔千里兮共明月”，抒情转为明显。

下片抒写孤眠愁思的情怀。过片三句，是对“酒入愁肠，化作相思泪”的翻新。一是说“愁肠已断”，故没法饮酒；二是说虽没饮酒，依然催泪。因而“酒未到，先成泪”，较之“酒入愁肠，化作相思泪”语有别致，而情更惨苦。“残灯明灭”二句，通过形体语言写愁情——枕头倾斜，以见人之不能安眠也。“孤眠滋味”是何等滋味，说明而不说尽，却又以“谙尽”二字，启人遐思。末三句作一气读：总而言之，相思之苦无法回避，不是在心头萦绕，就是在眉间攒聚。情是常情，语有新意。后来李清照《一剪梅》的“此情无计可消除，才下眉头，却上心头”，语更工整，创意却一脉相承。

此词赋写景物而外，多直抒胸臆，而且一韵之中，往往一气贯通，大都保持着可以一气读到押韵处的语气，颇近于慢词的做法，赋予这首短词以长调的韵味。故前人谓范仲淹“正气塞天地，而情语入妙至此”（《历代诗余》引《词苑》）、“铁石心肠人亦作此消魂语”（许昂霄），虽属柔情丽语，骨力却较遒劲，境界亦较阔大。

木兰花

（宋）◎ 晏几道

秋千院落重帘暮，彩笔闲来题绣户。墙头丹杏雨余花，门外绿杨风后絮。　　朝云信断知何处？应作襄王春梦去。紫骝认得旧游踪，嘶过画桥东畔路。

晏几道（1040?—1112），字叔原，号小山，抚州临川（今江西抚州）人。晏殊第七子。曾因郑侠上书请罢新法牵连入狱。后任颍昌府许田镇监。晚年退职家居。有《小山词》。

词人游春，于暮色苍茫中，来到一处院落，只见秋千，不闻人语，帘幕深深，更觉落寞。便忆起昔年今日，所谓伊人，曾当窗题诗来着。眼前墙头红杏依旧，门外绿杨依旧，只是经过一场风雨，地上有一些落花和柳絮，不可收拾。

这许是陈家，许是沈家。可小云、小蘋们呢？她们或许仍操旧业，在别处为人制造欢乐吧。难道过去真是一场春梦？不，紫骝马分明还记得过去走过的路，这画桥东边的路。走着走着，突然嘶鸣起来，徘徊一阵，才怏怏离去。

马犹如此，人何以堪！

阮郎归

（宋）◎ 晏几道

天边金掌露成霜，云随雁字长。绿杯红袖趁重阳，人情似故乡。　　兰佩紫，菊簪黄，殷勤理旧狂。欲将沉醉换悲凉，清歌莫断肠。

此词重阳节作于汴京。汉武帝于建章宫建桐柱，上有铜人托盘承露，词中借用来咏汴京景物。秋雁南飞，一会排成个“人”字，一会排成个“一”字，雁字长，云更长，着一“随”字，便巧妙地将两种景物关联起来。此时登高有佳人侑酒，说“人情似故乡”，则已有身在异乡之感，正是欣慨交心。

本来便是性情中人，然而岁月蹉跎，不免一度消沉。今趁重九佳节，也佩幽兰，也簪黄菊，聊发少年狂呗。旧狂须殷勤理之，可见勉强多多，所以不免乎悲凉；欲以沉醉解此悲凉，却又没十分把握，所以只得指望席上歌者，千万不要唱出让人闻而断肠的歌声了。

全词以吞吐之笔，抒无奈之情，一波三折，沉着厚重，故称佳作。

辛丑十一月十九日既与子由别于郑州西门之外马上赋诗一首寄之

(宋)◎苏　轼

不饮胡为醉兀兀,此心已逐归鞍发。归人犹自念庭闱,今我何以慰寂寞。登高回首坡垅隔,但见乌帽出复没。苦寒念尔衣裘薄,独骑瘦马踏残月。路人行歌居人乐,童仆怪我苦凄恻。亦知人生要有别,但恐岁月去飘忽。寒灯相对记畴昔,夜雨何时听萧瑟。君知此意不可忘,慎勿苦爱高官职。

苏轼(1037—1101),字子瞻,一字和仲,号东坡居士,眉州眉山(今属四川)人。苏洵子。嘉祐进士。曾上书力言王安石新法之弊,因作诗刺新法下御史狱,贬黄州。哲宗时任翰林学士,曾出知杭州、颍州,官至礼部尚书。后又贬谪惠州、儋州。历州郡多惠政。卒谥文忠。有《东坡七集》、《东坡易传》、《东坡书传》、《东坡乐府》等。

苏轼、苏辙一生手足情深,离别抒情之作不少。这首诗所作时间,标题已经点明,辛丑是嘉祐六年(1061)。苏轼从京城赴大理寺评事签书凤翔府节度判官厅公事任,父亲苏洵受命在京修礼书,苏辙从京师送兄至一百四十里外的郑州,二人在郑州西门告别后,苏辙回京侍奉父亲,苏轼上马一边前行,一边在马背上写了这首诗,寄给弟弟。

不难想象,兄弟二人从京师至郑州,已经说了无数的知心话;适才分手,苏轼又立即以诗寄言,可知在为兄者心中,实有放心不下者。首先是"登高回首坡垅隔，但见乌帽出复没。苦寒念尔衣裘薄，独骑瘦马踏残月"，原先的被送者苏轼，此刻反而目送弟弟先去。为了看见远去的弟弟，苏轼登上高处，弟弟的身影越来越远，在起伏不平的坡陇间，只见到他的乌帽时出时没。于是无限怅惘、爱怜之情，油然而生。弟弟衣服单薄，会否受凉？独骑瘦马，必定孤独凄苦；想必弟弟会连夜行踏残月而归，他念父心急啊（"归人犹自念庭闱"）。此苏轼挂念离别日之事。其次是"寒灯相对记畴昔，夜雨何时听萧瑟。君知此意不可忘，慎勿苦爱高官职"，此苏轼挂念弟弟仕途失利事，为之释怀。原来，本年苏辙在御试制科策中，直言朝政得失，被人指为不恭，差点被除名，后得四等及第，授商州军事推官。辙不赴，自请留京侍父。大概郑州之别时，苏轼仍觉得弟弟为制策试之事郁闷。苏轼这四句诗大意是说，何时相聚，实现我们曾经许下的心愿呢——今年秋天，我们在怀远驿的一个风雨交加之夜，读韦应物诗，感于以后兄弟可能因游宦而离别，于是相约了早退，一起享受闲居之乐。你当还记得吧？所以就不要在乎官职的事情了。轼自注云："尝有夜雨对床之言，故云尔。"苏辙后来的《逍遥堂会宿二首并引》也说到："辙幼从子瞻读书，未尝一日相舍。既壮，将游宦四方，读韦苏州诗至'安知风雨夜，复此对床眠'，恻然感之，乃相约早退，为闲居之乐。故子瞻始为凤翔幕府，留诗为别曰：'夜雨何时听萧瑟。'"

其他诗句，主要写己身之苦，与上述体贴、宽慰弟弟的诗句错综交织，言己而语语凄恻，慰弟则转为旷达，感人至深。

满庭芳并序

（宋）◎ 苏 轼

有王长官者，弃官黄州三十三年，黄人谓之王先生。因送陈慥来过余，因为赋此。

三十三年，今谁存者，算只君与长江。凛然苍桧，霜干苦难双。闻道司州古县，云溪上、竹坞松窗。江南岸、不因送子，宁肯过吾邦？ 摐摐，疏雨过，风林舞破，烟盖云幢。愿持此邀君，一饮空缸。居士先生老矣，真梦里相对残釭。歌声断，行人未起，船鼓已逢逢。

元丰六年(1083)五月，苏轼在黄州，其友人陈慥报荆南庄田。时“有王长官者，弃官黄州三十三年”，因送陈慥去江南，过黄州访东坡，东坡故有此作。

陈慥字季常，“少时慕朱家、郭解为人，稍壮，折节读书，晚乃遁于光、黄间。东坡至黄，季常数从之游”(《施注苏诗》)。而作者对王长官，则是素闻其名，可谓神交已久，以前却无缘得见。因而此词虽涉三人交游，较多的篇幅却是写作者与这位王先生倾盖如故之情怀的。

上片全就王长官其人而发，描绘了一个饱经沧桑、令人神往的高士形象。首三句即发语惊人，盖“三十三年”于人生固然是一个不小的数目，但对于长江大河却不算什么。而词人竟说：“三十三年，今谁存者，算只君与长江。”这里隐含有作者对仕途风波的感喟：大浪淘沙，销磨了多少人物，唯有不恋宦情如王先生者得以长存，岂不可慨！措语之妙，与作者《木兰花令·次欧公西湖韵》“与余同是识翁人，唯有西湖波底月”二句同味。王长官弃官不做达三十余年之久，其事虽不可得而详，但可见是不慕荣利之辈。从黄州人尊称之为“王先生”看，他在为官期间也是为人爱戴的。“凛然苍桧，霜干苦难双”二句即喻其人品格之高，通过“苍桧”的形象比喻，其人傲干奇节，风骨凛然如见。王长官当时居住黄陂，唐代武德初以黄陂置南司州。“云溪”、“竹坞”、“松窗”，描绘其居处极幽，颇具隐逸情趣。“闻道”二字则见慕名之久，与相见恨晚之意。“江南岸”三句是说倘非王先生送陈慥来黄州，恐终不得见面也。语中既含幸会之意，又因王先生而归美陈季常。

过片到“相对残钉”句为第二层，写三人会饮。“纵纵”二字拟雨声，其韵铿然，有风雨骤至之感。“疏雨过，风林舞破，烟盖云幢”几句，承上片歇拍。王、陈来访，却转入景语。既见当日气候景色，又照应前文“云溪上、竹坞松窗”的写照，暗示出这次遇合不同于俗人聚首，自然意象与人的气质搭成一种象征关系。造访者固属奇杰，而主人也非俗士，酒逢知已千杯少，故云“愿持此邀君，一饮空缸”。“一饮空缸”也就是干杯，但含有多少豪情！兴酣之际，也不免回顾人生遭际，抚事生哀。“居士先生老矣”，这是作者自叹。虽叹老，却无嗟卑之意。“真梦里”二句翻用杜诗《羌村三首》“夜阑更秉烛，相对如梦寐”，言外见三人相饮谈笑至深夜，彼此相契之深。

末三句为最后一层，写天明分手，船鼓催发，主客双方相见得迟，归去何疾。既幸有此遇，又不免杂着怅然若失之感。

词将叙事、写人、写景、抒情打成一片，景为人设。所叙乃会友之快事，所写乃一方之奇人，所抒乃旷达之情感，与一般的描写离合情怀不同。在用笔上较恣肆，往往几句叙一意，而语具多义，故又耐人咀含。所用韵部，亦属洪亮，与词情悉称。故郑文焯谓其“健句入词，更奇峰特出”，“不事雕凿，字字苍寒，如空岩霜干，天风吹堕颇黎地上，铿然作碎玉声”(《手批东坡乐府》)。

临江仙·送钱穆父

（宋）◎苏　轼

一别都门三改火，天涯踏尽红尘。依然一笑作春温。无波真古井，有节是秋筠。　惆怅孤帆连夜发，送行淡月微云。尊前不用翠眉颦。人生如逆旅，我亦是行人。

钱穆父，东坡好友，名勰，元祐初同在京城为官。二人皆以好议政事，遭人攻击。穆父元祐三年(1088)出知越州，东坡元祐四年出知杭州。穆父元祐五年十月得命移知瀛州(治所在今河北河间)，东坡去信希望穆父经过杭州时相晤。翌年正月初七穆父过杭，二人相见复别，东坡作本词及《西江月》(莫叹平原)以送。

本词上片叙穆父出知越州、今又将移瀛州的经历，赞扬其处变不惊的操守。首二句说，穆父一别都门，已有三个年头，其间经历了多少世事。“改火”，古人钻木取火，不同时节采用不同木材，故名，后喻时节更易。唐及宋朝，清明日赐近臣新火，每年一次，故“改火”又指一年。“依然”一句，说穆父经历很多风风雨雨，却能处之泰然，今天老朋友相见，依然笑颜灿烂，有如和煦之春，给人暖意融融之感。这样的品质，正是东坡亦有并一生所推崇的。二人友谊，也是建立在这种互相欣赏、推崇基础上的。“无波真古井，有节是秋筠”二句，进一步赞扬穆父，化用白居易《赠元稹》“无波古井水，有节秋竹竿”诗句，不仅具有引元白友情之作来相比喻之恰切，而且加用“真”、“是”二字，犹直下断言。古井平静无波，静中有天，穆父内心真实如此；秋筠任寒风萧瑟，而直节不变，穆父德操就是这样。古井、秋筠富于形象之美，其比德的意蕴隽永，耐人寻味。读者得其意者，可与东坡此时所作《西江月》中的“我已为君德醉”同情焉。

下片写送行。首二句言穆父此去之急，友情未得畅叙，孤帆连夜出发，令人无限惆怅；今夜的天空，淡月微云，似都染着了我的情感，为穆父送行。离别总是痛苦的，这是真情；但“尊前”句荡开去，转为达观语，说不须用歌女唱离曲、佐离觞——那样更会增加离别的忧愁，我们还是坦然、旷达地告别吧。此句既为对方着想，也是缓解自己的离愁，以免带给朋友更多的忧伤，可见东坡之苦心和深情关怀；同时，也非常符合二人的豪爽性格和能超脱开来的精神境界。此句可与《西江月》之“白发千茎相送，深杯百罚休辞。拍浮何用酒为池”对读，则对别时的情景更加明了，如在目前。末二句“人生如逆旅，我亦是行人”顺势写去，说人生如寄，不必在乎身着何处，君今漂泊，而我也是一个“行人”呢。“逆旅”，客舍，引申指旅居、寄居，又可与《西江月》“与君各记少年时，须信人生如寄”互参。“我亦是行人”，此前东坡长期四处奔波，说是“行人”，一点不夸张，自己不会长期在杭州，也是意料中的事情。而与穆父此别后不足二十日，东坡即接到别任之命，亦将离杭，则又应了此言。

全词情、景、理融合，表现了一对在人品、性格、处世态度、思想和精神境界多方面都相近并相互理解的老朋友的送别情怀，真挚动人。

浣溪沙·送梅庭老赴上党学官

（宋）◎ 苏 轼

门外东风雪洒裾。山头回首望三吴。不应弹铗为无鱼。
上党从来天下脊。先生元是古之儒。时平不用鲁连书。

这是一首送友赴任之作。梅庭老生平未详，从词里可知他是三吴地区（浙东、苏南一带）人。“上党”，一本作“潞州”，治所在今山西长治，北宋时与辽邦接近，地属边鄙。“学官”掌地方文教，职位不显，可谓“食之无味，弃之可惜”。在昔韩愈身为国子博士，尚不免“冬暖而儿号寒，年丰而妻啼饥，头童齿豁，竟死何裨”之讥。梅庭老赴任，想必不太情愿，而又不得已而为之，苏轼便针对他这种心情写了这首词送他。

“门外东风雪洒裾”，是写送别的时间与景象。尽管春已来临，但因下雪，气候尚很寒冷。而“飞雪似杨花”的情景，隐含无限惜别之意。彼此握别，意见言外。言“雪洒裾（衣襟）”而不言“泪沾衣”，颇具豪爽气概。次句即有一较大跳跃，由眼前写到别后，想象梅庭老别去途中，于“山头回首望三吴”，对故园依依不舍。这里作者不是强调三吴可恋，而是写一种人之常情。第三句便针对这种心情进一言：“不应弹铗为无鱼。”这句用战国齐人冯谖事。冯谖为孟尝君食客，初不受重视，弹铗作歌道：“长铗归来乎，食无鱼。”(《战国策·齐策》)此句意谓梅庭老做了学官，总算是“食有鱼”，不必唱归来。同时又似乎是说，尽管上党地方艰苦，亦不必计较个人待遇，弹铗使气。两可之间，语尤忠厚。

过片音调转高亢：“上党从来天下脊。”意谓勿嫌上党边远，其地势实险要。盖秦曾置上党郡，因其地势高，故有“与天为党”之说。杜牧《贺中书门下平泽潞启》：“上党之地，肘京洛而履蒲津，倚太原而跨河朔，战国时，张仪以为天下之脊。”作者《雪浪石》诗亦云：“太行西来万马屯，势与岱岳争雄尊。飞狐上党天下脊，半掩落日先黄昏。”可以参读。“先生元是古之儒”，此称许梅庭老有如古之大儒，以天下为己任，意谓勿以学官而自卑。此句笔力豪迈，高唱惊挺，可以壮友人行色。然而不免还有一个问题，上党诚为要地，学官毕竟冷闲，既有大志大才，何以不当大任呢？这就补出末句：“时平不用鲁连书。”鲁连，即鲁仲连。因上党是赵地，当时宋辽早已议和，故云时代承平，梅庭老即有鲁连奇策，亦无所用之，只能作一介学官，即如古之醇儒，终不免像韩愈所说那样“冗不见治”。这里既有劝勉其安心本职工作之意，又含有对其生未逢辰不得重用之遭际的同情。

词仅六句，却委曲周详，既同情于友人不得志的遭遇，又复风义相期，开导他努力于公事。作者是用自己乐观旷达的人生态度去影响朋友，出语洒脱却发自肺腑，故能动人。《浣溪沙》词调，在作者以前如晏、欧等名家手里，大抵只用于写景抒怀，而此词却以之写临别赠言，致力于用意，开拓了小词的题材内容。下片的联语对仗自然工稳，音情高古。两片结语均用战国故事，为全词增添了色泽和韵味。

戏呈孔毅父

（宋）◎ 黄庭坚

管城子无食肉相，孔方兄有绝交书。文章功用不经世，何异丝窠缀露珠？校书著作频诏除，犹能上车问何如。忽忆僧床同野饭，梦随秋雁到东湖。

黄庭坚（1045—1105），字鲁直，自号山谷道人，晚号涪翁，洪州分宁（今江西修水）人。“苏门四学士”之一。治平进士。哲宗时以校书郎为《神宗实录》检讨官，迁著作佐郎，以修史“多诬”遭贬。有《山谷集》、《山谷琴趣外篇》。

诗人一生在政治上不得志，故有弃官归隐念头，此为赠友人孔平仲（字毅父）之作，主要抒写对现实的不满和牢骚。

首联对仗，起得很别致。“管城子”是笔（语出韩愈《毛颖传》，谓毛颖所受封号），“孔方兄”是钱（语出鲁褒《钱神论》），同时与对方的姓字相映带，涉笔成趣。两句谓笔无封侯之相（“食肉相”语出《后汉书·班超传》相者谓超“燕颔虎颈，飞而食肉，此万里侯相也”），钱又和我绝了交（“绝交书”出于嵇康）。本来是四个无关的典故，拉杂使用，以自我调侃的口吻发牢骚便有新意。一读即知是学者之诗，不读书人哪得如此书卷气来。

次联自作语，谓我的文章既然没有经邦济世的功用，那跟蜘蛛网上缀着的露珠又有什么两样呢？丝窠缀露，看上去闪闪发光像是缀满珠玑，但一钱不值，可见象喻之妙。

三联复用语典大发牢骚。北齐颜之推《颜氏家训》谓梁朝全盛时，贵家子弟大多没有真才实学，却担任了秘书郎、著作郎一类官职，故当时谣谚讽刺道：“上车不落、为著作，体中何如、即秘书。”意即只要能登上车向人请安者即可充职。黄庭坚于元丰八年（1085）应召还京，受任秘书省校书郎，元祐二年（1087）改官著作郎，而这两个职务在宋亦是闲散官职，人微言轻，诗云“校书著作频诏除（授职）”指此，所以他自嘲“犹能上车问何如”。

末联暗示欲弃官归隐之意，说忽然回忆起当年与你在僧床便饭的情景，我的梦魂便随秋雁飞回老家的东湖（在今南昌市郊，距修水不远）。

全诗善用典故，拉杂使事，嬉笑怒骂，皆成文章，与发牢骚的内容十分默契。诗采用书、珠等韵脚，是很窄的韵脚，作者却写得很洒脱，很有思致，没有深厚的学问功底都是难以做到的。宋诗的“以文字为诗”，正要从此等诗予以体会。

寄黄几复

（宋）◎ 黄庭坚

我居北海君南海，寄雁传书谢不能。桃李春风一杯酒，江湖夜雨十年灯。持家但有四立壁，治病不蕲三折肱。想得读书头已白，隔溪猿哭瘴溪藤。

作于元丰八年(1085)，其时诗人监德州(今属山东)德平镇。黄几复乃作者同乡兼同科密友，时知四会县(今属广东)。两人当时天南地北，各近海滨。

诗一起就说这层意思。语采《左传·僖公四年》楚成王谓齐桓公："君处北海，寡人处南海，惟是风马牛不相及也。"但意思却变成友人间的相思。"寄雁传书"本古人陈言，但加"谢不能"(语出《汉书·项籍传》东阳少年杀县令而请立陈婴，"婴谢不能")就有新意。因为相传大雁同飞至衡阳而止，又何能托其寄书南海耶？

次联抚今追昔，忆彼此交情。"桃李"、"春风"、"一杯酒"(出老杜怀李白诗)，"江湖"、"夜雨"(出玉溪寄北诗)皆常词，唯"十年灯"为自作语，然而合为两句，则意境清新。出句见朋友昔年相聚之乐，对句表别后十年离索之苦，读之隽永有深味。陈衍谓为"此老最合时宜语"，也就是说两句主情景，纯出以名词句，较类唐人胜语。

三联又不尔，立意措辞皆露"狂奴故态"。两句各有一转折，"持家——但有四立壁"，家徒四壁语出《史记·司马相如传》，说明不善理家，而作为一县之长，不理家正是廉洁奉公的表现；"治病——不蕲(求)三折肱"，语出《左传·定公十三年》"三折肱，知为良医"，即今人所谓"久病出良医"，此以医喻政，谓黄几复无需三折肱即有政绩，放在岭南实在屈才。

末联是惦念之辞，想象黄几复因好学不倦头发已白(语借老杜怀李白之"匡山读书处，白头好归来")，而其所居则是瘴气弥漫的猿啼之区(柳宗元有《入黄溪闻猿》)。

全诗内蕴丰富，善用典实，以故为新，运古于律，音律拗峭。"桃李春风一杯酒"、"持家但有四立壁"第六字不律。特别是后一句，以三仄调——其实是五仄结，更属古风的调声，然而波澜老成，很能代表黄诗的特色。

跋子瞻和陶诗

（宋）◎ 黄庭坚

子瞻谪岭南，时宰欲杀之。饱食惠州饭，细和渊明诗。彭泽千载人，东坡百世士。出处虽不同，风味乃相似。

作于崇宁元年（1102）八月，苏轼于去年（1101）七月病逝常州。东坡是陶渊明的崇拜者，诗品人品颇得力于陶，晚年知扬州时，曾和陶《饮酒诗》二十首，南迁之后又和《归园田居》八十九首。

东坡贬岭南乃在绍圣元年（1094）新党当政时，初被安置惠州。时宰章惇欲借忧伤抑郁及水土不服置之死地，哪知东坡胸次甚广，在惠州《纵笔》诗云："自须萧散满霜风，小阁藤床寄病容。为报先生春睡美，道人轻打五更钟。"章见之遂再贬儋耳（海南儋县）。故前二句说"时宰欲杀之"是有根据的。当然这也使人联想起杜甫怀李白的名句"世人皆欲杀，吾意独怜才"来。

三、四句落到和陶诗上来。忧能伤人，使人不思茶饭，而东坡能"饱食惠州饭"，说明他是怎样不以迁谪为意。陶诗以静穆为主，能"细和渊明诗"，又可见他的心境是怎样平和了。虽然只点到即收，然已意足。能吃能睡的人，用"时宰"的办法是杀不成了。

后四句借陶之人品赞美东坡，认为他们不但都是以道德文章名垂不朽之人，而且彼此风味相似。五、六句在称呼上略作变化（子瞻——东坡，渊明——彭泽），自然映带（先称字，后称号）。"千载"、"百世"互文，而"人"（处士）、"士"（士大夫）辨味极细。

七、八句说两人出处不同，是因为陶渊明只做了一百多天彭泽令就去官归隐，而苏东坡却终生宦海沉浮，从形迹上看，截然不同。然而这两个人都不以贫富得失为怀，任真率性而行，而且诗入哲域，则又是相同的。"虽"、"乃"二字呼应转折，"风味"措语妙——人乎？诗乎？让读者自行体味。

诗作题跋，不主情景，纯乎写意。本来跋诗，却一味说人，说人即是说诗，这是其潇洒脱俗之处。本是古风，中幅自然成对（饱食——细和，惠州饭——渊明诗，彭泽——东坡，千载人——百世士），质朴而有文采。全诗风格与所咏之人极为契合，是为妙品。

别三子

(宋)◎ 陈师道

夫妇死同穴，父子贫贱离。天下宁有此，昔闻今见之。母前三子后，熟视不得追。嗟乎胡不仁，使我至于斯。有女初束发，已知生离悲。枕我不肯起，畏我从此辞。大儿学语言，拜揖未胜衣。唤爷我欲去，此语那可思。小儿襁褓间，抱负有母慈。汝哭犹在耳，我怀人得知？

陈师道(1053—1102)，字履常，一字无己，号后山居士，彭城(今江苏徐州)人。少贫，学文于曾巩，绝意仕进。元祐初，苏轼等荐为徐州教授。后任太学博士、秘书省正字等职。有《后山先生集》、《后山谈丛》。

此诗主要写诗人与三个孩子的离别，它的首句，还涉及到别妻，只因同时另有《别内》诗，故专题“别三子”。离别之作的感人，在于情深。结合这首诗背景来看，有着母子、夫妻、父子等情感的交织，则诗人背负的痛苦，巨大而深沉。又离别家人之作，通常是男子出门别家，这首诗却是写妻、子别家，自己向他们道别，作为“大丈夫”的诗人，最是愧疚。家的“贫贱”是离别的根源。陈师道自幼家贫，仕进亦不如意，自己多在外奔走，妻、子寄食于丈人家。好在“善于择婿”(宋王明清《挥麈后录》卷七)的丈人郭概，不以贫穷嫌弃，所以“嫁女不离家”(陈师道《送外舅郭大夫概西川提刑》)。直到元祐二年(1087)陈师道34岁时，因苏轼等荐，起为徐州教授，然后接来妻、子，才全家团聚。师道曾有言：“我贫无一锥，所向皆四壁。”(《答张文潜》)说的是实情。

作《别三子》诗，时在元丰七年(1084)，陈师道31岁。丈人郭概赴成都任西川提刑，师道的妻、子也随之前往。师道因“母老妹已笄”(《别内》)，以孝为先，须留下来奉母，可是又必然与妻、子离别。首句言“夫妇死同穴”，意谓“夫妇生常别离，至死方获同穴，此所以可悲也”(任渊《后山诗注》)。师道《别内》亦云：“与子为夫妇，五年三别离……关河万里道，子去何当归。三岁不可道，白首以为期……吞声不敢尽，欲怨当归谁。”

“父子贫贱离”，直切本题。“天下”二句，言作为丈夫、父亲不能赡养妻、子而致使离别，从前都只是听闻有这样的事情，而不肯信，今日却出现在自己身上。为此呼号悲怆之声，有大不堪忍之痛。“母前”四句，总写伤别场面。“胡不仁”是怨语，下句道“夫何使我至于此极也”之意。后面十二句，是全诗重点，每四句一层，分别写女儿、大儿、小儿情态。三个细节场景，极其逼真传神，省事与未省事者，无不令人爱怜，作者悲恸不能自禁，读者亦然。

此诗直朴无华而真挚感人，逼近蔡琰《悲愤诗》之别子场面和杜甫的亲情诗，且化用了杜甫的“娇儿不离膝，畏我却复去”、“骥子好男儿，前年学语时……世乱怜渠小，家贫仰母慈”等，摹写简洁，语短意长，耐人回味。

示三子

（宋）◎ 陈师道

去远即相忘，归近不可忍。儿女已在眼，眉目略不省。喜极不得语，泪尽方一哂。了知不是梦，忽忽心未稳。

作于元祐二年(1087)。作者家贫，元丰七年(1084)岳父提点成都府路刑狱，陈妻并三子一女寄食岳家，作者本人因母老不得随行。本年因苏轼、孙觉等人荐举，始充任徐州州学教授，才将妻儿接回徐州，遂有此作。

前二句抚今追昔。上句说远别后因归期无日也就不去想它，是相对于后来而言，其实哪有个不惦记的；下句说当归期将近时，反而变得难以忍耐。皆曲尽人情。

三、四句叙重见儿女的情况，因别时儿女尚小(作者送别诗有"何者最可怜，儿生未知父")，但一别四年，无从谋面，原来一岁的现在五岁，原来四岁的现在八岁，模样儿当然与记忆对不上号。诗人抓这个细节，生动表现出见到三子时，欢喜与感慨交织的微妙感受。

五、六句写当时自己的表情，高兴得不知说什么好，眼泪直流，而后破涕为笑。这表情下面的心情是复杂和激动的。

七、八句更深一层作结，说虽然明明知道不是做梦，但心里还是很不踏实，不相信眼前的团聚竟是真的。

诗末二句翻用老杜《羌村》"夜阑更秉烛，相对如梦寐"而富有新意，与晏几道《鹧鸪天》"今宵剩把银缸照，犹恐相逢是梦中"意境略同。全诗朴质，以生活内容取胜，妙在一个"真"字。

踏莎行

（宋）◎秦　观

秦观（1049—1100），字少游，又字太虚，号淮海居士，高邮（今属江苏）人。"苏门四学士"之一。元丰八年（1085）进士。曾任秘书省正字，兼国史院编修官等职。坐元祐党籍，累遭贬谪。有《淮海集》。

雾失楼台，月迷津渡，桃源望断无寻处。可堪孤馆闭春寒，杜鹃声里斜阳暮。　　驿寄梅花，鱼传尺素，砌成此恨无重数。郴江幸自绕郴山，为谁流下潇湘去。

绍圣四年（1097）春三月作于郴州（今属湖南）。其时作者无端被牵入党争，随旧党失势而连遭贬黜——先贬杭州通判，再贬监处州酒税，最后又被人罗织罪名，贬徙郴州并削去所有的官爵和俸禄。一贬再贬至于远州，悲苦近于柳宗元；而其无辜受累，委屈又略似李商隐。此词抒写谪居之恨。

首二句写大雾弥漫而月色朦胧，显然是一个象征性的造境。"迷"、"失"二字，正是词人心情的写照。大雾蒙蔽了楼台，月色隐没了渡口，完全是一副看不到未来、看不到出路的样子。紧接"桃源望断"一句，抒情由暗转明，慨叹找不到逃避政治迫害的世外桃源。"可堪孤馆"二句，方落到现实情景中来，正面抒写词人谪居郴州不胜悲苦的心绪。"孤馆"一词，宋词中多用指外放或谪居之官舍（柳永《戚氏》"孤馆，度日如年"），非指一般旅舍。宦情比羁思更苦。这两句的写景——春寒料峭、孤馆紧闭、杜鹃啼血、残阳如血，谪宦中人的心也在滴血，是何等凄厉的情景，由于充满主观感情色彩，所以被王国维作为"有我之境"的著例予以赏叹。

过片连用两个关于寄书的典故，"驿寄梅花"见《荆州记》陆凯寄范晔诗（"折梅逢驿使，寄与陇头人。江南无所有，聊赠一枝春"），"鱼传尺素"出古乐府《饮马长城窟行》（"客从远方来，遗我双鲤鱼。呼儿烹鲤鱼，中有尺素书"）。柳宗元谪居柳州诗云"共来百越文身地，犹自音书滞一乡"，是双重怅恨。而此处却说在谪居收到亲友来信，更在心中堆积起重重离愁——秦观被贬纯属莫名其妙，心情当然与柳宗元不一样。"砌成"二字暗含一喻，语极形象。

"此恨"为何？"郴江幸自"二句就本地风光设喻，作进一步生发。"幸自"语译即"本来好好地"，"为谁"即"为何"。由于作者借水怨山，情未明挑，所以有颠扑不破之感。近人诠释或曰"郴江也不耐山城的寂寞，流到远方去了，可是自己还得呆在这里得不到自由"（胡云翼），或曰"这是象征性地谴责自己，秦观呀，你生在家乡，就在家乡生活多幸福呀，为什么要外出谋官呢"（靳极苍），或曰"本想出来为朝廷做一番事业，正如郴江原本是绕着郴山转，谁会想到如今竟被卷入一场政治斗争的漩涡中去呢"（高原），这些解释可以并存，不好是此非彼，因为都讲得太实，所以不能穷尽原句之意蕴。苏东坡特别喜欢这两句词，把它写在扇面上，并惋惜道"少游已矣，虽万人何赎"。

玉楼春

（宋）◎ 周邦彦

桃溪不作从容住，秋藕断来无续处。当时相候赤阑桥，今日独寻黄叶路。　　烟中列岫青无数，雁背夕阳红欲暮。人如风后入江云，情似雨余沾地絮。

此词写与旧时情人疏远后旧地重游的惆怅，题材并不新鲜，但写作很有特色。上片直入旧地重游情事。“桃溪”句用刘、阮天台遇仙故事，寓言自身经历（周济谓“只赋天台事”未妥），“不作从容住”表明这是一场短暂的恋爱。“秋藕”句反用藕断丝连的习语，言实际关系已一刀两断。“当时”二句今昔对比，是全篇主题句，“赤阑桥”与“黄叶路”同地而异称，俞平伯言“桃溪”、“秋藕”已暗含春秋之映带，而“赤阑桥”在唐诗中多与春水、杨柳连用，此处与“黄叶路”对仗，亦有春秋之映带。春温秋肃，恰是今昔对比的感觉。“独寻”不是寻人，而是寻梦。

下片写路上风光和心情。“烟中列岫”二句是寻路中偶值的景色，出句化用了谢朓“窗中列远岫”，而意蕴更接近王禹偁的“数峰无语立斜阳”；对句化用了温庭筠“鸦背夕阳多”，使人联想到王勃的“落霞与孤鹜齐飞”。——这样美丽的景色，会很快在眼中消逝。这里的景与情的关系，妙在若有若无间。末二句就江景设为两喻，融景入情。陈廷焯说“上言人不能留”是对的，说“下言情不能已”未免隔靴搔痒；或言谓感情胶着，无法摆脱，似矣，犹未尽意；吴世昌引参寥诗“禅心已作沾泥絮，不逐东风上下狂”，谓正与“情不能已”相反，是说情欲随而不得自由，可谓胜解。

关于形式，或言全篇是大排偶法（俞平伯），其实首二句非对仗，亦不必对仗；其余三联，则确属对仗。陈廷焯说末二句“呆作两譬，别饶姿态”。为什么说“呆作”呢？这是因为近体诗尚且避免对结，即使对结，也多作流水对，否则就有板滞的感觉，而此词对结纯属的对。为什么又“别饶姿态”呢？因为其情感内容本腻，腻即缠绵黏着，其形式与内容是高度统一的。

周邦彦（1056—1121），字美成，号清真居士，钱塘（今浙江杭州）人。元丰初，为太学生，以献《汴都赋》为神宗所赏识，命为太学正。后任庐州（安徽合肥）教授、溧水县令。徽宗时，提举大晟府。有《清真居士集》，已佚，今存《片玉词》。

虞美人

(宋)◎ 陈与义

陈与义(1090—1139),字去非,自号简斋,洛阳(今属河南)人。政和三年(1113)登上舍甲科。绍兴中,历官至参知政事。有《简斋集》、《无住词》。

大光祖席,醉中赋长短句。

张帆欲去仍搔首,更醉君家酒。吟诗日日待春风,及至桃花开后、却匆匆。　　歌声频为行人咽,记著尊前雪。明朝酒醒大江流,满载一船离恨、向衡州。

“大光”,陈与义友人席益的字。二人系洛阳同乡,各历仕宦,颇有交情。北宋灭亡后一段时间,社会极不安定,建炎三年(1129)冬,二人漂泊流寓中相会于衡山县。“祖席”,饯行的宴席。建炎四年春,陈与义离衡山前往邵阳,大光为之饯别,陈与义作了本词及《别大光》诗留别。

上片首二句言出发前的饯饮停留。“搔首”,《诗经》:“搔首踟蹰。”陶渊明《停云》:“良朋悠邈,搔首延伫。”故用“搔首”而取停留之意,以写难以分舍的情景。“更醉君家酒”,一个“更”字,道出今日之饮是往日的继续——自去年冬相遇以来,常在君家饮酒,如《别大光》所言:“君有杯中物,我有肝肺热。饮尽不能起,交深忘事拙。”但今日之醉又不同于往日,这次是离觞啊!“吟诗”二句,回想衡山相会的这段时光,日日相聚,饮酒吟诗,以期待春风的到来为乐;可是真到春天来了,桃花盛开,我们却要匆匆离别了,令人伤怀。二句最受人称道,其好处一在造语“清婉奇丽”(胡仔《渔隐丛话》);二在于顿挫之中,见惜别之情,如黄昇所赞之“语意超绝”。

下片的结构与上片颇为相似。先写眼前饯别歌舞场面,然后推想明朝酒醒的别后情景。“歌声”二句，写送别的歌舞感人，令人难忘。“雪”即“雪儿”一词的省称。据《太平广记》卷 200“韩定辞”条引《北梦琐言》，唐李密爱姬雪儿，能歌舞，密每见宾僚文章有奇丽入意者，即付雪儿叶音律歌之。后世以“雪儿”泛指歌女。从写法、用意上看，词人着墨歌女，实际上包含着主人的殷勤安排、歌女的真情参与(而非逢场作戏)、场面的清雅不俗等意。这样的送别，怎不叫人放怀倾杯、以尽余欢呢？于是照应了上片“醉”字，又呼应下句“醒”字。“明朝”二句，化用柳永《雨霖铃》“今宵酒醒何处”句和东坡与秦少游饮别之作《虞美人》句“无情汴水自东流，只载一船离恨、向西州”，而自然熨帖。苏轼的这词句，在陈与义之前，张耒已用其意为诗：“亭亭画舸系春潭，只待行人酒半酣。不管烟波与风雨，载将离恨过江南。”得到了王平甫等人赏爱，方勺极称其夺胎换骨。陈与义化用时，原句文字保留较多，句式相同，因为与东坡词同调。作者从衡山赴邵阳，其路线是入湘江而去，先至衡州，再陆行。于是作者推想，明朝酒醒来，身已在茫茫大江之上，当何其惆怅！那时，满载着我离愁别恨的行船，驶向衡州，情何以堪啊。这场朋友间的离别，有家国动荡及个人前途茫然等背景存在，所以明日苦处，虽是推想，并仅言一身，而实恐过之呢。

首言“张帆”，结言满载离恨，中叙祖席间情景，将友情的深厚和离别的销魂，表现得淋漓尽致。

辛弃疾(1140—1207),字幼安,号稼轩,济南历城(今山东济南)人。绍兴三十一年(1161),聚义抗金,归耿京,为掌书记。奉京命奏事建康,京为张安国杀害,擒诛安国。次年率部渡淮南归。历任湖北、江西、湖南、福建、浙江安抚使等职。有《稼轩长短句》。

贺新郎

(宋)◎ 辛弃疾

别茂嘉十二弟。鹈鴂、杜鹃实两种,见《离骚补注》。

绿树听鹈鴂,更那堪、鹧鸪声住,杜鹃声切。啼到春归无寻处,苦恨芳菲都歇。算未抵、人间离别。马上琵琶关塞黑,更长门、翠辇辞金阙。看燕燕,送归妾。　　将军百战身名裂,向河梁、回头万里,故人长绝。易水萧萧西风冷,满座衣冠似雪。正壮士、悲歌未彻。啼鸟还知如许恨,料不啼清泪长啼血。谁共我,醉明月。

本词为辛弃疾送别族弟茂嘉作。与其他送别之作比较,作法特别,除末二句外,不叙写自己“别茂嘉”弟的正题,而全在铺陈有关离别怨恨的意象和历史典故,使其离情别恨叠加到极至。最后两句才叙本意,直接表达自己的送别之情,极含蓄、凝重。

作者从三种啼鸟写起,并以它们作为贯穿全篇的意脉来组织结构。中国文学长于借景抒情,在离别题材作品中,赋予了许多事物关乎离情别恨之意蕴,造就了不少经典的意象，其中便有一些鸟类。后世作家只要在离别的特定语境中用到它们，其离别的意蕴便生发出来。本词开头连写三种啼鸟，意象意蕴叠加，渲染出浓重的离情。鹈鴂，此指伯劳鸟。古乐府《东飞伯劳歌》有“东飞伯劳西飞燕”句，后演变为“劳燕分飞”，喻别离，如岑参《青门歌送东台张判官》：“借问使乎何时来，莫作东飞伯劳西飞燕。”贾岛《送路某从军》：“别我就蓬蒿，日斜飞伯劳。”伯劳鸟单栖，南朝民歌《西洲曲》“日暮伯劳飞，风吹乌桕树”，就以之喻离别之人的孤单。伯劳之啼喻离恨，如杨凌《即事寄人》：“相思寂寞青苔合，唯有春风啼伯劳。”鹧鸪、杜鹃，二鸟关乎离情，更是不胜枚举。并且积淀下“禽言”的蕴涵，鹧鸪之鸣似唤“行不得也哥哥”，杜鹃声声呼叫“不如归去”。禽言实是人的心声，这三种鸟鸣，此起彼伏，强烈地烘托了离别的氛围。三种鸟都在春夏间啼鸣，伯劳“犹向残阳泣暮春”（陆龟蒙），鹧鸪“花落黄陵庙里啼”（郑谷），杜鹃“啼尽一川花”（向子諲），最终“啼到春归无寻处，苦恨芳菲都歇”。三鸟悲鸣且以悲剧结局，其合力形成的悲感，何其大也。

词中这些啼鸟，是“人化的自然”，它们关乎离恨的情感，本来是人的赋予，是人类伤春怨别的反映，词人非常明白。但是，词人宁做痴人，把其苦恨作为鸟儿自身的伤春怨别，衬托、转引出下文。“算未抵、人间离别”，是一综上启下的结构性语句，即意脉上，以啼鸟之悲为参照，将下叙“人间离别”的五个故实之悲，推到最高峰。这五个故实是昭君离汉、陈皇后被打入冷宫、卫庄姜送归妾、李陵别苏武、荆轲易水之别。五个典故，确实是极为悲凉或悲壮的，一足使人悲之不已，何况五事相加。五事之中有时政、家国命运、个人遭遇等相交织，能够唤起读者的联想，发现作者本人之多种托意，皆寻绎可得。这样一来，一场普通的送弟事，就在词人的笔下作了无限大的发挥，远胜于叙写兄弟间送别的个别情景。

啼鸟之悲不及人间离别之悲，但是啼鸟之悲最具形象感发之力量，所以叙了五件人间离别故实后，词的意脉再次回到议论啼鸟上来：“啼鸟还知如许恨，料不啼清泪长啼血。”此句回应并绾合啼鸟和“人间离别”之关系，使全词融通一气，说啼鸟若知人间有这么多、这么巨大的悲恨，它啼出的就不是清泪，而是淋漓鲜血啊！鸟如是，人何堪？这一笔法非常婉转，将激越慷慨化为沉郁凄怆，词的曲折含蓄之美得到发挥。词之感人，恰在此处。

结句以“谁共我，醉明月”，归束于自身送别茂嘉弟事，语亦别致。东坡云与弟“千里共婵娟”，此则云弟去之后，无人共我醉明月。何以要“醉”明月？含蓄蕴藉，托意在前，耐人寻味。

庆宫春并序

（宋）◎姜　夔

姜夔（1155?—1209），字尧章，号白石道人，饶州鄱阳（今江西波阳）人。少随父宦游汉阳。父死，流寓湘鄂间，诗人萧德藻以兄女妻之，移居湖州，往来于赣、皖、苏、浙间。终身不第，卒于杭。有《白石道人诗集》、《白石诗说》、《白石道人歌曲》等。

绍熙辛亥除夕，予别石湖归吴兴，雪后夜过垂虹，尝赋诗云："笠泽茫茫雁影微，玉峰重叠护云衣。长桥寂寞春寒夜，只有诗人一舸归。"后五年冬，复与俞商卿、张平甫、铦朴翁自封禺同载诣梁溪，道经吴松。山寒天迥，云浪四合。中夕相呼步垂虹，星斗下垂，错杂渔火，朔吹凛凛，卮酒不能支。朴翁以衾自缠，犹相与行吟。因赋此阕，盖过旬涂稿乃定。朴翁咎余无益，然意所耽，不能自已也。平甫、商卿、朴翁皆工于诗，所出奇诡，予亦强追逐之。此行既归，各得五十余解。

双桨莼波，一蓑松雨，暮愁渐满空阔。呼我盟鸥，翩翩欲下，背人还过木末。那回归去，荡云雪、孤舟夜发。伤心重见，依约眉山，黛痕低压。　　采香径里春寒，老子婆娑，自歌谁答。垂虹西望，飘然引去，此兴平生难遏。酒醒波远，正凝想、明珰素袜。如今安在，唯有阑干，伴人一霎。

词有小序述写作缘起。它追叙了绍熙二年辛亥（1191）除夕，作者从范成大苏州石湖别墅乘船回湖州家中，雪夜过垂虹桥即兴赋诗的情景。诗即《除夜自石湖归苕溪》十绝句，"笠泽茫茫雁影微"是其中的一首。当时伴随诗人的还有范成大所赠侍女小红，故又有《过垂虹》一首云："自作新词韵最娇，小红低唱我吹箫。曲终过尽松陵路，回首烟波十四桥。"五年过去，庆元二年（1196）冬，作者自封禺（二山名，在今浙江德清县西南）东诣梁溪（无锡）张鉴别墅，行程是由苕溪入太湖经吴松江，循运河至无锡，方向正与前次相反，同往者有张鉴（平甫）、俞灏（商卿）、葛天民（朴翁，为僧名义铦），这次又是夜过吴松江，到垂虹桥，且顶风漫步桥上，因赋此词，后经十多天反复修改定稿。这次再游垂虹，小红未同行，范成大作古已三载，作者追怀昔游，感慨无端，这种心情都反映在这首写景纪游的词中。

上片从环境描绘起。日暮天寒，一叶孤舟，荡漾在水天空阔之处。漂浮着莼菜的水面，浪头不大；松风时送雨点，疏而有声；暮霭渐渐笼罩湖上，令人生愁。起三句"莼波"、"松雨"、"暮愁"，或语新意工，或情景交融，"渐"字写出时间的推移，

“空阔”则展示出景的深广，为全词定下了一个清旷高远的基调。以下三句继写湖面景象：沙鸥在盘旋飞翔，仿佛要为“我”落下，却又背人转向，远远掠过树梢。这里，作者不仅饶有情致地写出鸥飞的特点，而且融进了自己特定的感受。因为故地重游，所以称这些水鸟为“盟鸥”（和“我”有旧交的鸥鸟）。“我”殷勤地呼唤它们，然而它们却终于疏远“我”，“背人还过木末”。一种今昔之慨见于言外。这就自然而然回想到“那回归去，荡云雪、孤舟夜发”的情景，正是“笠泽茫茫雁影微，玉峰重叠护云衣……”眼前出现的不又是那重叠蜿蜒的远山？这是旧梦重温么？然则当年的人又到何处去了？结句“伤心重见”三句，挽合今昔，感慨浓沉。“依约眉山，黛痕低压”，将太湖远处的青山，比作女子的黛眉，不是无缘无故作形似之语，而显然有伤逝怀人的情绪。

下片过拍写船过采香径。这是香山旁的小溪，据《吴郡志》：“吴王种香于香山，使美人泛舟于溪以采香。今自灵岩望之，一水直如矢，故俗又称箭径。”面对这历史陈迹，最易引起怀古的幽情，“嗟叹之不足，故永歌之”，“老子婆娑（犹徘徊），自歌谁答”，既写出作者乘兴放歌的情态，又暗自对照“那回归去”的情景——“自作新词韵最娇，小红低唱我吹箫”，仍与上片结句伤逝情绪一脉潜通。西望是垂虹桥，它建于北宋庆历年间，东西长千余尺，前临太湖，横截吴江，河光海气，荡漾一色，称三吴绝景，以其上有垂虹亭，故名。船过垂虹，也就成为这一路兴致的高潮所在。从“此兴平生难遏”一句看，这里的“飘然引去”之乐，实兼今昔言之。这一夜船抵垂虹时，作者曾以“卮酒”祛寒助兴，在他“飘然引去”时，未尝不回想那回“曲终过尽松陵路，回首烟波十四桥”的难以忘怀的情景。从而，当其“酒醒波远”后，不免黯然神伤。“正凝想、明珰（耳坠）素袜”，这里“明珰素袜”所代的美人，联系“采香径里春寒”句，似指吴宫西子，而联系“那回归去”，又似指小红。其妙正在于怀古与思今之情合一，不说明，反令人神远。末三句即以“如今安在”四字提唱，“唯有阑干，伴人一霎”一叹作答，指出千古兴衰、今昔哀乐，犹如一梦，只余空蒙云水，令人长叹。由怀想跌到眼前，收束有力。

此词虽然有浓厚的伤逝怀昔之情和具体的人事背景，但作者一概不直抒，不明说，只于一路景物描写之中自然带出，并将它与怀古之情合并写来，既觉空灵蕴藉，又觉深厚隽永。张炎《词源》所谓“野云孤飞，去留无迹”的评语，于此词最为切合。从小序看，这一夜同游共四人，且相呼步于垂虹桥，观看星斗渔火，而词中却绝少征实描写，唯致力刻画在这云压青山、暮愁渐满的太湖之上、垂虹亭畔飘然不群、放歌抒怀的词人自我形象，颇有遗世独立之感。

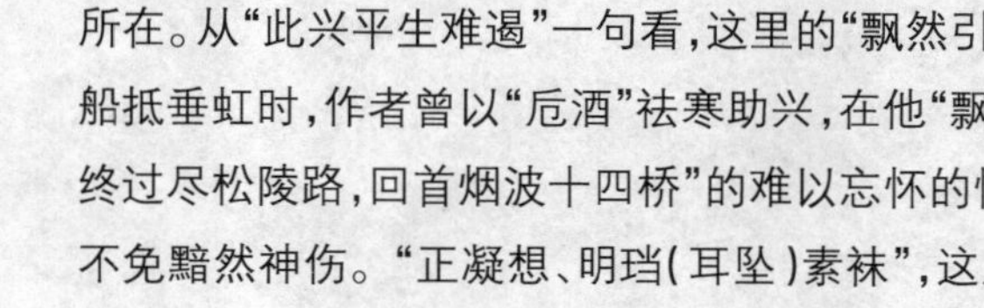

一剪梅·舟过吴江

（宋）◎蒋　捷

蒋捷（？—？），字胜欲，号竹山，阳羡（今江苏宜兴）人。咸淳十年（1274）进士。宋亡不仕。有《竹山词》。

一片春愁待酒浇，江上舟摇，楼上帘招。秋娘渡与泰娘桥，风又飘飘，雨又萧萧。　　何日归家洗客袍，银字笙调，心字香烧。流光容易把人抛，红了樱桃，绿了芭蕉。

在宋词人中蒋捷算不上卓然大家，但《一剪梅》（舟过吴江）却无疑是南宋词中最富魅力的篇章之一。他是吴地人，亡国前后过着东奔西走的生活，故有人将此词与亡国之思联系起来。其实，无论是词题还是词文本身均没有提供这方面内容，哪怕是一点点暗示。这首词之所以传诵不衰，使代代读者为之迷恋陶醉，恰恰是因为它没有涉及具体的人事，却具有更普遍的人生情境和寄慨。说它表现的是春愁加乡愁固然不错，但它的兴象所启，又远非伤春羁旅所能包容。在太湖之东山明水秀的吴江（即吴淞上游）行舟，暮春的江景是那样销魂，连一阵乡愁袭来也是轻飘飘的。词就从这感觉写起。

注意“一片”这个词在诗词中的基本含义是一小块，一点点(如“一片孤帆”、“一片孤城”、“一片月”、“一片冰”)。“一片春愁待酒浇”这个富于暗喻(“愁来如渴”)的说法和“浇”这个字眼，都是很尖新的。行舟在绿水上，那酒楼上的帘招才够诱惑呢，叫人望梅止渴吧。江上行船速度不慢却不易察觉，“回头迢递便数驿”，“秋娘渡与泰娘桥”句便给人这样的感觉。这渡口和桥用唐代著名歌妓命名，便具江左特有的文化氛围(另一首《行香子》则有“过窈娘堤，秋娘渡，泰娘桥”)，要是诗句便有软媚之嫌，而对于“娇女步春”为特色的词，则无妨其嗲。这是一路充满柔情绮思的旅程，恰好遇到雨丝风片的天气，该让人如何神魂颠倒？“风又飘飘，雨又萧萧”的两个“又”字表现出如怨如慕的语调，“飘飘”、“萧萧”兼有拟声之妙，在这种凄清美丽的行程中，要不思念闺中人才怪呢。

过片就写思家思乡的情绪。“何日归家”四字乃人人心中所有，“何日归家洗客袍”的措语乃人人笔下所无。回家之乐岂止浣洗客袍，以下两句将闺中的温馨更描绘得无以复加：“银字笙调，心字香烧。”这里的“银字”、“心字”都应是带儿化音的名词，亦饶音情之妍媚。笙上镶嵌银字为的是标示音调，说唱文学中的“银字儿”应得名于此。“心字香”则是盘成篆文心字的盘香。这情景宛如周美成《少年游》所写的“锦幄初温，兽香不断，相对坐吹笙”，与上片的“秋娘”、“泰娘”字面暗相映带，微妙地表现出客里相思梦想中的小家庭生活之舒适宜人。

想象归想象，现实归现实，看来他今春还赶不到家。随着“流光容易把人抛”一声长叹，他又沉入遐想。春天即将逝去，故乡的芭蕉应已绿了，而樱桃也熟透了吧。言外之意是，我可赶不上喽。然而只写到“红了樱桃，绿了芭蕉”为止，便画意盎然，美不胜收。似乎还启发人家，尽管春天流逝，而成熟的夏季景物，也别有鲜妍甜美呢。

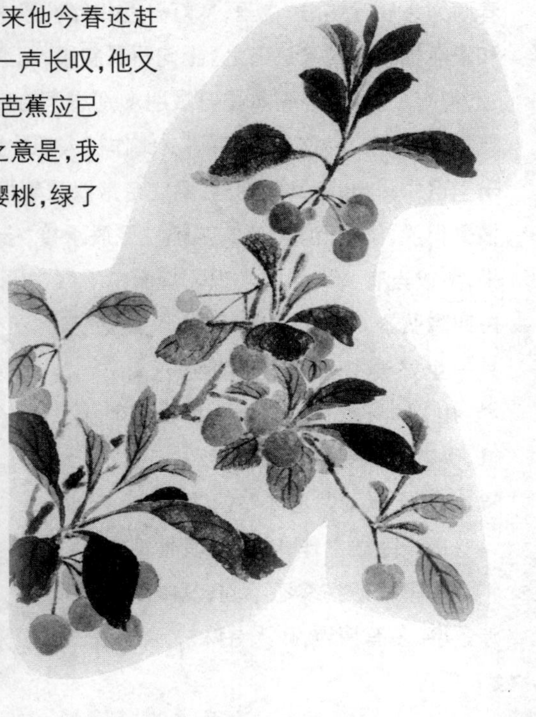

《一剪梅》有只叶六韵和逐句押韵，四字联可骈可散等不同调式。蒋捷采用了逐句押韵、四言句皆对仗的限制较多的调式，句琢字炼，因难见巧，色彩鲜明，音调铿锵，看也可爱，念也可爱。

送翁卷入山

（宋）◎ 赵师秀

赵师秀（？—1219），字紫芝，号灵秀，温州永嘉（今浙江温州）人。绍熙元年（1190）进士，“永嘉四灵”之一。有《清苑斋集》。

已送山民归旧庐，子今复去我何如。渐成老大难为别，早占清闲未是疏。小雨半畦春种药，寒灯一盏夜修书。有人来问陶贞白，说与华阳何处居。

南宋后期诗人赵师秀、徐照、翁卷、徐玑，合称“永嘉四灵”。他们同出叶适之门，既是好友，又诗崇晚唐贾岛、姚合，题材上山水隐逸之作较多。该诗是赵师秀送翁卷入山隐居之作。

首句中的“山民”，有人以为称翁卷，误。应指徐照。照号山民，布衣终身。“四灵”中徐照最贫困，诗风寒苦，后来也去世最早，赵师秀有《哀山民》，翁卷有《哭徐山民》等诗。其集《芳兰轩集》亦曰《山民集》。首联言，我已经送过徐照归他的旧庐隐居，今又送你入山，朋友相继而去，我当何如呢？“我何如”，极含蓄，有友情难舍之意，有羡慕友人隐逸之意，还有自己去留两难之意。颔联云，伴随年龄的老大，老朋友离别最难为怀；不过，朋友早一点去占据“清闲”，我们总不算疏远。后句宕开，富于情致，从另一个层面——即向往隐逸，对朋友的选择作鼓励，并自我安慰，表明自己将来的去路，与之志同道合，仍是亲密无间的朋友。山林友人，以趣味相投、天机清妙相交，此之谓也。颈联设想朋友隐居之后，白天劳动，种药养生，春雨为之浇灌药畦；夜里，寒灯一盏相伴，“修书”不辍。全诗之中，此联独以描绘和叙述相结合的笔法出之。上句写景叙事，隐逸之趣被凸现。下句之“修书”，指写信，但有二意：一为将本是叮嘱朋友别忘了给自己写信，改为进行时的景事写来，友情被凸现；二为与下文将朋友比作被人们称赞“山中宰相”陶弘景相呼应。陶富于学识才华，却不肯入朝廷，梁武帝常以政事相咨询，“月中常有数信”往来。该联情景俱胜，画意盎然，诗味浓郁。尾联承接“修书”说来，谓因为你跟我有书信往来，所以当有人因你的学识才华而打听你在山中哪里，我能告之你的居处。陶贞白即陶弘景，他隐居句容茅山，又遍历名山，寻访仙药，号华阳隐居，谥贞白先生。其一生好读书著述，通晓经史文学、山川地理、阴阳五行、历数星算、医药知识等。把翁卷比作陶弘景，实际上是对翁卷才情的赞美。

送人隐居之作，往往与其他离别之作多写悲伤哀怨不同，其中所涉景事，多有情趣，耐人寻味。

眼中

（金）◎ 元好问

眼中时事益纷然，拥被寒窗夜不眠。骨肉他乡各异县，衣冠今日是何年？枯槐聚蚁无多地，秋水鸣蛙自一天。何处青山隔尘土？一庵吾欲送华颠。

元好问（1190—1257），字裕之，金太原秀容（今山西忻县）人。曾读书于山西遗山，因号遗山山人，世称元遗山。金宣宗兴定五年（1221）进士。官镇平、内乡、南阳等县县令。后入朝，历尚书省左司员外郎，入翰林，知制诰。金亡不仕。有《遗山先生文集》40卷。又编金人诗为《中州集》10集。

此诗情绪感伤凄凉，且末尾明言归隐愿望，当为金亡国以后，诗人晚年之作。诗以《眼中》为题，是“首章标其目”。其实，此诗重点不是写眼中所见，而是写心中所感。

诗从对往事的如烟如梦的回溯写起，一开始就给人以无限怅惘之感。“眼中时事益纷然，拥被寒窗夜不眠”，两句晓畅明白，流利自然。“纷然”，说明眼中所见时事之多而且杂，再加“益”字，则更进一步，有愈来愈“纷然”之意。正因为有如此“纷然”的“时事”萦怀胸中，所以诗人直到深夜还不能入睡，拥被坐在寒窗之下，苦苦思索。这两句互为因果：因眼中所见“时事”“纷然”，因而心乱如麻，夜不成眠；又因夜不成眠，思前想后，各种思虑就更加纷至沓来。这一联，不仅活画出一位饱经忧患的老人深夜苦思的形象，而且有提纲挈领、笼罩全篇的作用。

这位沧桑老人究竟在思索什么呢？首先，“骨肉他乡各异县”。公元1214年三月，蒙古军攻破诗人的家乡山西忻州，长兄元好古被害以后，他就转徙流离到河南福昌、登封、南阳一带；以后汴京陷落，他又被蒙古军拘管于山东聊城。在不停的漂泊中，骨肉离散，如今深夜不眠，孤苦伶仃，更加想念自己的亲人。这种不幸，当然是由于战争造成的，作者对蒙古军发动的侵略战争的痛恶，也自在言外。

其次，“衣冠今日是何年”，沉痛地诉说了自己当前的屈辱处境。“衣冠”，古时士以上戴冠，亦指世族、士绅。诗人本为北魏鲜卑族拓跋氏的后裔，年轻时入陵川学者郝天挺的门下，致力于古典经籍的学习。以后，又在金朝任过县令、尚书都省掾、左司都事等职，当然是衣冠之士。但是，汴京陷落后，作者被拘管，此后就一直过着亡国遗臣的辛酸生活。想到这些，他不禁发出浩叹：衣冠之士生活在今天，这究竟是怎样的年头啊！这一句，是对蒙古新政权的悲愤的抗议。

再次，“枯槐聚蚁无多地”，是自叹浮生若梦和生活天地的狭窄。“枯槐聚蚁”，用李公佐《南柯记》故事：淳于棼梦到大槐安国，娶公主，为南柯太守，后梦醒，始知其国为庭前老槐树下的蚁穴。诗人使用这个故事，一则比喻世事变迁如梦，再则也诉说自己所处的实境。“无多地”，是说自己像枯槐上的蚂蚁一样，所居之地极为有限。他在聊城被拘管两年后，由于离聊城不远的冠氏县县令赵天锡的帮助，才建了房子，从此开始过着遗民生活，以后虽几经迁徙，但生活仍然贫困窘迫。他在《白屋》诗中曾有“地尽更无锥可置，灶闲惟觉井常勤”之句，可见当时处境。

复次，“秋水鸣蛙自一天”，是自伤孤独之意。《庄子·秋水》中有井蛙与东海鳖的对话，《荀子·正论篇》亦有“坎井之蛙，不可语东海之乐”的语句，诗中即活用两书典故。一方面是写当时实景，在秋夜水塘中，蛙鸣阁阁，不眠者倍感凄清；另一方面，亦是自嘲式的自比，在战乱之后，亲朋云散，知音零落，相与交接者甚少，自己也变成坎井之蛙了。语虽达观，而仔细咀嚼，却沉痛无比。

于是诗人想到避世隐居：“何处青山隔尘土？一庵吾欲送华颠。”哪里有远隔尘世的青山呢？我想修一个小庵，好送却我的残年啊！这一联似乎是不经意地道出，显得轻松自如，然而隐含其中的哀痛，直欲催人泪下。可以看出，作者对这个充满“尘土”的污浊的社会，已经深恶痛绝，他要与之决裂。然而，他能够做到的，也只有遁世避让，在无可奈何的凄苦中了此残生。这是怎样的哀痛啊！我们好像看到诗人在这凄清的夜晚，老泪纵横，泣不成声。这一联，不仅对中间两联作了很好的概括，也把第一联的形象表现得更为丰满，并且在含蓄曲折的笔致中，留下了悠远的意味，启人深思无尽。

元好问在《陶然集诗序》中说：“诗家圣处不离文字，不在文字”，要“荡元气于笔端，寄妙理于言外。”此诗浑融深蕴，哀怨苍凉，但却以枯淡之语出之，语语沉挚质朴，无叫嚣直率之病，却把沉痛入骨的亡国之恨表现得入木三分。从这些地方，体现出他在晚年老成之时，诗歌又达到了一个新的境界。

临江仙

（金）◎辛　愿

辛愿（？—1231？），字敬之，自号女几野人，晚号溪南诗老，福昌（今河南宜昌县西）人。与元好问友善。

河山亭留别钦叔、裕之。

谁识虎头峰下客，少年有意功名。清朝无路到公卿。萧萧茅屋下，白发老书生。　邂逅对床逢二妙，挥毫落纸堪惊。他年联袂上蓬瀛。春风莲烛影，莫问此时情。

这是辛愿流传至今唯一的一首词。河山亭，在河南孟津。钦叔，李献能字。裕之，元好问字。本词为辛愿在孟津河山亭留别二位友人之作，元好问《中州集》卷十载："元光初，予与李钦叔在孟津，敬之（按辛愿字）自女几（按山名，在辛愿家乡河南福昌）来，为之留数日。其行也，钦叔为设馔，备极丰腆。敬之放箸而叹曰：'平生饱食有数，每见吾二弟，必得美食。明日道路中，又当与老饥相抗去矣。会有一日，辛老子僵仆柳泉、韩城之间，以天地为棺椁，日月为含襚，狐狸亦可，蝼蚁亦可耳。'予二人为之恻然。"据此可以想见其时情景，有助于理解本词。

词的上片不言离别事，而自叙生平，"辛老子"用意何在？

原来辛愿是极有才华而又极不得志之人。据元好问所记，他博极群书，生性野逸，陷于穷困饥冻，而雅负高气，不能从俗俯仰，以致枯槁憔悴，流离顿踣。他的不得志，有社会原因，也有性格因素，还有机缘不至。词以"谁识虎头峰下客"开篇，就充盈着一股不凡、不平之气。虎头峰，在河南巩县，极雄奇。"少年有意功名"，看来他年轻时并不鄙弃功名，只是负才不遇，功名、官位不自来，所以落得

“萧萧茅屋下，白发老书生”的境况。“白发”与“少年”对举，多少悲慨蕴藉其间。辛愿年龄长于二位友人许多，生年虽不详，作本词时，年龄确已老大(十一年后卒)。而李献能 33 岁，元好问 32 岁，都正年轻。辛愿叙己之无成与贫寒困窘，正为下片鼓励二位年轻友人积极有为，一片苦心。

下片即为勉励之言。“邂逅对床逢二妙，挥毫落纸堪惊”，首先称许对方之才。“邂逅对床”，指本次相聚，切题。“二妙”，古人称呼同时以才华显著的二人，如晋之卫瓘、索靖，唐之韦维、宋之问，宋之艾淑、陈容，元之段克己、段成己，均称为“二妙”。“挥毫落纸”，则用杜甫《饮中八仙歌》称赞张旭的“挥毫落纸如云烟”句，来赞美二位友人的文章才华。辛愿是不虚美人的，他最能直言时人创作的短长，“有公鉴而无姑息”(《中州集》卷十)，公正地进行文学批评。元好问《自题中州集后》又有言：“文章得失寸心知，千古朱弦属子期。爱杀溪南辛老子，相从何止十年迟。”可见辛愿与元好问等人的友谊，正是建立在以才相慕基础上的。“他年联袂上蓬瀛”，鼓励二人同入翰林。“蓬瀛”，蓬莱和瀛洲，本仙境，此称翰林院。“春风莲烛影，莫问此时情”，进一步向两位朋友绘示美好前途，并嘱咐其不要将我们的分别挂虑于心。“春风”句指得到皇帝器重，化用唐人令狐绹典故：“为翰林承旨，夜对禁中，烛尽，帝以乘舆金莲华炬送还院。”(《新唐书·令狐绹传》)

辛愿大有怨气，但不以怨气给朋友的奋进产生消极影响；辛愿本自潦倒，但希望朋友前程远大，精神境界可嘉。所以这篇离别之词，乃为劝勉朋友奋发有为的赠言，与通常言离愁苦恨、难禁悲戚的离别之作相比，别出思致，可以见出三人友情的深挚。

南乡子

（元）◎ 张弘范

张弘范（1238—1280），字仲畴。涿州定兴（今属河北）人。忽必烈中统三年（1262）任行军总管，后屡建战功拜帅。有《淮阳集》。

送友人刘仲泽北归。

烟草入重城。马首关山接去程。几度留君留不住，伤情。一片秋蝉雨后声。　　无语泪纵横。别酒和愁且强倾。后会有期须记取，叮咛。莫负中秋夜月明。

本词语言如白话，意思较为明白。只第一句，为何作“烟草入重城”？

“烟草”，谓烟雾朦胧的草，也泛指蔓草。送别的语境中用“烟草”一词，往往有凄迷、惆怅的意味。如李白《送韩准裴政孔巢父还山》：“相思若烟草，历乱无冬春。”李益《送人归岳阳》：“烟草连天枫树齐，岳阳归路子规啼。”“重城”，古代城市因有外城、内城，故称重城。“烟草入重城”，表面说蔓草长进城来了，是赋，实际上还兼比、兴。“入”字极好，写出一种生长态势。以草的长势来兴发离情，是远自楚辞“王孙游兮不归，春草生兮萋萋”、汉乐府“青青河畔草，绵绵思远道”以来就奠定下的比兴传统。“烟草入重城”之意象、意蕴，亦有来历，如唐代李端《送雍郢州》之“城闲烟草遍”，更是浓缩了白居易《赋得古原草送别》：“远方侵古道，晴翠接荒城。又送王孙去，萋萋满别情。”所以“烟草入重城”句，语言虽通俗，意却不浅。

南吕·四块玉·别情

（元）◎ 关汉卿

关汉卿（？—？），号已斋叟。大都（今北京）人，一说燕人，或解州（今山西解县）人。约生于金末，卒于元成宗大德年间。现存杂剧近二十种，散曲套数十余套，小令五十余首。与郑光祖、白朴、马致远并称“元曲四大家”。

自送别，心难舍，一点相思几时绝。凭栏袖拂杨花雪。溪又斜，山又遮，人去也。

此曲用代言体写男女离别相思，从语言、结构到音情上，都有值得称道处。

曲从别后说起，口气虽平易，但送别的当时已觉“难舍”，过后思量，自有不能平静者。说“相思”只“一点”，似乎不多，却不知“几时”能绝，这就强调了离别情绪的缠绵的一面，更合别后情形，真切动人。藕（偶）断丝（思）连，便是指的这种状况。“凭栏”一句兼有三重意味：首先点明了相思季节，乃在暮春（杨花如雪）时候，或许含有“今年春尽，杨花似雪，犹不见还家”（苏轼）那种意味；再就是点明处所，有“栏干”处，应在楼台；第三点明了女主人公这时正“独上高楼，望尽天涯路”（晏殊），她在楼头站了很久，以至杨花扑满衣襟，须时时“袖拂”之。“杨花雪”这一造语甚奇异，它比“杨花似雪”或“雪一般的杨花”的说法，更有感性色彩，差近温庭筠“香腮雪”的造语。

末三句分明是别时景象，与前四句在承接上有一种不确定的关系，可作多重解会。一种是作顺承看，前既说“凭栏”，此既写遥望情人去路黯然神伤之态。“溪又斜，山又遮”是客路迤逦的光景，“人去也”则全是痛定思痛的口吻。这种理解，造成类乎古诗“步出城东门，遥望江南路。前日风雪中，故人从此去”的意境。另一种是作逆挽看，可认为作者在章法上作了倒叙腾挪，先写相思，再追忆别况，便不直致，有余韵。小山词所谓“从别后，忆相逢”，此法近之。以上两解还可融合，因为倒叙也可以看做女主人公在望中的追忆。这种“多义”现象包含着一种创作奥秘。接受美学认为，文学欣赏是一种补充性的确定活动，读者须用自己的想象填补作品的未定点和空白。此曲之妙，就在于关键处巧设了这样的空白，具有多义性、启发性，令人百读不厌。

曲味与词味不同，其一在韵度。曲用韵密，且一韵到底。韵，是较长停顿的表记，如此曲短句虽多，但每句句尾腔口均须延宕，读来有韵味悠扬之感。结尾以虚字入韵，为诗词所罕有，而曲中常见（别如马致远《夜行船》套“道东篱醉了也”）。而“人去也”这个呼告的结尾，尤有风致，使人不禁想起“听得道一声去也，松了金钏”那一《西厢》名句。

送重峰阮子敬南还

（明）◎ 张以宁

君家重峰下，我家大溪头。君家门前水，我家门前流。我行久别家，思忆故乡水。况乃故乡人，相见六千里。十年在扬州，五年在京城。不见故乡人，见君难为情。见君情尚尔，别君奈何许？送君遽不堪，忆君良独苦。君归过江上，为问水中鱼："别时鱼尾赤，别后今何如？"

张以宁（1301—1370），字志道，号翠屏山人，元古田（今属福建）人。泰定四年（1327）进士。明洪武初授侍讲学士，奉使安南。北还时卒于途中。有《翠屏集》四卷。

元至正间，作者官至翰林学士知制诰，这首诗是他在京送同乡友人阮子敬南还的赠别之作。阮是福建重峰人。

大溪在古田城南，有两条水流于此汇合，又名双溪，其一便来自重峰方向。这种地理上的毗邻源流关系，在诗中自然而巧妙地被用来譬喻送行双方的亲密关系："君家重峰下，我家大溪头。君家门前水，我家门前流。"这格调，这取喻，会使读者联想到北宋李之仪名句："我住长江头，君住长江尾。日日思君不见君，共饮长江水。"（《卜算子》）诗人在化用的同时仍有创造，那就是"君家"、

"我家"的两番重复,造成的那种近邻间的亲密感,含蓄表达出共饮一江之水、休戚相关的联系。

诗人这时别家已十五年之久,远在六千里(约数)外的京城,不期见到来自故乡的朋友。"有朋自远方来,不亦乐乎"和"美不美,家乡水;亲不亲,故乡人"这两种好事叠加起来,亲如之何,美如之何,乐如之何!诗人却将此欣喜激动之情表达得平静含蓄:"我行久别家,思忆故乡水。况乃故乡水,相见六千里。"这里的"故乡水"非常轻灵地与上文"君家门前水,我家门前流"的"大溪"映带,使诗情摇漾。而"故乡"一词,在这一解中又构成复叠。

整整十五年啊,"十年在扬州",那时必定就归心日夜思故乡;不料接着"五年在京城",想必却忆扬州是"故乡"。而古田呢?早不敢想了,哪里会想到在京城还会遇见"故乡人",而这故乡人还是老朋友呢?这真叫人难以相信,喜不自胜。这就是"见君难为情"的意思。这里的"故乡人"三字,又与前一解重复勾连,诗情又摇漾一次。而"十年"、"五年",也是一种复叠形式。

以下用顶针格起("见君"承前),接连两番运用加倍之法,渲染别情,使之醇浓。"见君情尚尔,别君奈何许",这是一次加倍,从见面说到话别,容若不胜。殊不知接着又是:"送君遽不堪,忆君良独苦。"第二次加倍,从话别想到别后相思。连同上一解末二句,诗人用了一种推波助澜的写法:"不见——见君;见君——别君;送君——忆君",这感情的三次浪潮追逐而起,每两次间小有顿宕,读来回肠荡气之至。

最后的一解是别开生面的。诗人请朋友捎话给故乡的鱼:"别时鱼尾赤,别后今何如?"它似乎是反用王维《杂诗》"来日绮窗前,寒梅着花未"的写法,从中却流露了别一信息。《诗经·周南·汝坟》"鲂鱼赪尾,王室如毁",《毛传》:"赪,赤也。鱼劳则尾赤。"诗意一般认为是说周室不太平,人民忧劳。诗人借此意谓当初离别家乡,民生困于虐政,不知如今又是怎样。如此看来,诗中还暗含韦庄《菩萨蛮》"未老莫还乡,还乡须断肠"之义。这最后的寄语,使诗情超越了个人友谊,而指向对整个家乡的忧念,从而升华到较一般赠别诗更高的境界。结尾"为问水中鱼",仍是紧扣"故乡水"的着想,这使诗情首尾环合,浑然一体。

南朝乐府如《西洲曲》就形成了一种四句为解、妙于重叠、音韵流转、一语百情的诗体,张以宁的这首赠别诗可谓尽得其秘传。它不仅以语言质朴、情意缠绵、风神摇曳而脍炙当时,而且文人赠别诗用民歌体,这一做法本身就很有新意。

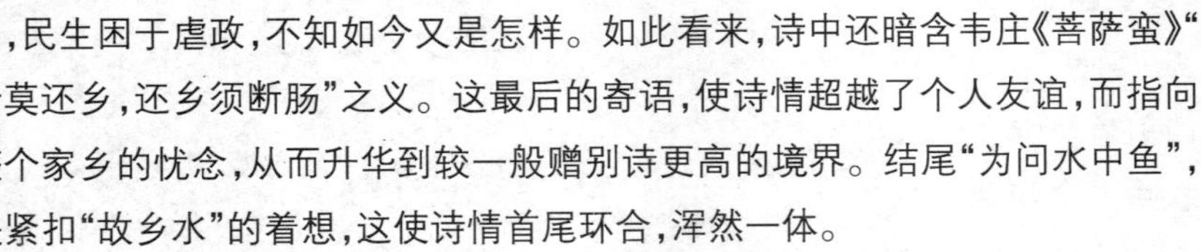

寄彭民望

（明）◎ 李东阳

斫地哀歌兴未阑，归来长铗尚须弹。秋风布褐衣犹短，夜雨江湖梦亦寒。木叶下时惊岁晚，人情阅尽见交难。长安旅食淹留地，惭愧先生苜蓿盘。

李东阳（1447—1516），字宾之，号西涯，明茶陵（今属湖南）人。天顺八年（1464）进士。供职翰林院三十年，官至侍讲学士。曾依附宦官刘瑾。提倡“文必秦汉，诗必盛唐”，影响颇广。成化、弘治年间，形成以其为首的茶陵诗派。有《怀麓堂集》、《怀麓堂诗话》。

这是寄赠一位失意落魄的友人的诗。友人彭泽字民望，湖南攸县人，景泰七年（1456）举人，曾任应天通判，后失志归湘。从“秋风布褐”、“夜雨江湖”等诗句看，本篇必写于彭泽归田之后。看来这是一个运蹇而心苦的人，魏阙没有他的位置，江湖上他又不能安处。“但使忧能伤人，此子不得永年矣。”作者对他的处境十分同情，便写了此诗去慰问。

“斫地哀歌兴未阑，归来长铗尚须弹”，在唐代有一位做过司直姓王的年轻人，很不得意，喝得烂醉之后就舞剑砍地悲歌，杜甫同情他并以为自己可以替他向有司推荐，便写了《短歌行》劝慰他说：“王郎酒酣拔剑斫地歌莫哀，我能拔尔抑塞磊落之奇才！”李东阳认为彭泽其人就像

这位王郎一样是被压抑的人才，但自己却没有杜甫在蜀的那种关系网，没有提携友人的能耐，所以只能看着彭泽“斫地哀歌兴未阑”，言下是很愧疚的。战国时冯谖在孟尝君门下作客，因食无鱼、出无车，无以养家活口之故，弹剑作歌，说要归去。想必民望的弃官归里，也有迫于生计的苦衷。然而回家之后的他，却更加落魄了。“归来长铗尚须弹”一句大可玩味。既然已经归来，也就无须弹剑作苦声了，为什么“尚须弹”？显然，生生之资的老问题仍然苦恼着他，只是这回不知该上哪里去了。这两句或用事或用语，皆翻出新意。

“秋风布褐衣犹短，夜雨江湖梦亦寒”二句进一步想象概括民望在湘的苦况。这当然是有根据的，书札往来就是一个相互了解的途径。上下句皆用了一再加倍的手法：“秋风”已冷，何况“布褐”（平民装束），更何况褐衣不够长；“夜雨”增寒，身处“江湖”（民间别称）尤寒，更有那“梦亦寒”。把对方的境遇写得苦不堪言，如果不是彭泽亲自说，诗人哪会这样不留情面？

“木叶下时惊岁晚，人情阅尽见交难”，前面两句写其生活环境的恶劣，这两句则转写人际关系的改变。单看上句并不怎样出色，不过重言秋风夜雨的物候，但下句却是警句。“见交难”必须在“人情阅尽”之后，大是名言。一个著名故事说，某某新官夸耀交游之盛，而门人提醒他说：要知真有多少朋友，须等到丢官之后。这门人便是“人情阅尽”的人物，而那新官阅世尚浅亦不待言。想必彭民望这时也略约体会到“不才明主弃，多病故人疏”（孟浩然）的辛酸了。联系这一句，上句的“木叶下时惊岁晚”就远不那么简单，它起码含有“一叶落而知天下秋”的象喻，暗示着随后而来的打击多着呢，民望您就等着“人情阅尽见交难”吧！这一方面是提醒朋友注意这个问题，一方面也是安慰他看开一些，“人情”本来就一张纸，薄得很呢，捅破了也好，免得一辈子蒙在鼓里。

“长安旅食淹留地，惭愧先生苜蓿盘”二句以高度同情作结，全以情真意恳取胜。“长安”为汉唐故都，此代指明代北京；因为李东阳宦游在此，故称“旅食淹留地”，其处境显然较彭优越。但诗人揭出此义，一是为致关切，表惭愧，说一想到朋友端的是菜汤（苜蓿可为菜肴），面有菜色，自己就过意不去；二是用“旅食淹留”暗示宦海沉浮，自己也保不了哪一天会弹剑作歌，归梦江湖。所以看到彭民望的处境，真有些兔死狐悲之感。

李东阳写这首诗是动了真情的，所以他绝不强作高调，而满纸苦音，是一篇长歌当哭的作品。《怀麓堂诗话》云：“彭民望失志归湘，得余所寄诗，潸然泪下，为之悲歌数十遍不休。不阅岁而卒。”然而心理学证明，人在忧伤中就要听忧伤的歌曲才有缓解的功用，彭民望之死定不是悲歌的原因，相反，这些悲歌定然给他带来过一些心灵的抚慰。

夏口夜泊别友人

（明）◎ 李梦阳

黄鹤楼前日欲低，汉阳城树乱乌啼。孤舟夜泊东游客，恨杀长江不向西。

李梦阳（1472—1529），字天赐，又字献吉，号空同子。庆阳（今属甘肃）人。后徙河南扶沟。弘治进士，曾任户部郎中。因反奸宦刘瑾而下狱。瑾死，起江西提学副使，后因事夺职家居。他倡言复古，反对虚浮的“台阁体”。与何景明等相呼应，号称“前七子”，在当时影响颇大。但因过分强调复古，亦有不良倾向。其诗亦有深刻雄健之作。有《空同集》。

夏口，古城名，在今湖北省武汉市的黄鹄山（蛇山）上。诗人东游，在这里与友人相别，在感伤的情怀中流露出一片强烈的乡思，读来情真意挚。

第一、二句紧扣题目，点出夏口最富代表性的两个地方。一个是“黄鹤楼”，故址在今武汉蛇山的黄鹤矶头，近年楼已修复，可供游人登览。唐代诗人李白曾在此写过《黄鹤楼送孟浩然之广陵》：“故人西辞黄鹤楼，烟花三月下扬州。孤帆远影碧空尽，唯见长江天际流。”成为千古传颂的名篇。二是“汉阳城”，在汉水下游南岸，长江以北，与武昌相对望。唐代诗人崔颢《黄鹤楼》诗中有“晴川历历汉阳树，芳草萋萋鹦鹉洲”的名句。单是点出这两个地方，表明送别的地点，就会使人联想无穷，而显出丰厚的诗意。然而作者的意思并不在此。那黄鹤楼前低垂的落日，暗淡的余光，汉阳城树上晚归的栖鸦和相呼相唤寻找归宿的叫声，这一切组成的略带凄凉的暮景，才是作者所要着力表现的景象。正是在这样一种情景和气氛中，作者要告别友人，更远地离开家乡到异地去，怎能不产生出感伤的情怀呢？这两句交代送别的背景，已经流露出了强烈的感情。

在前两句的铺垫之后，第三句“孤舟夜泊东游客”，写自己要顺长江而下，远出东游。诗中虽然没有写到与友人告别，但“孤舟夜泊”四字中，已经包含了告别，只是没有把具体经过写出来，这正是它的含蓄、凝练处。而且，“孤”字与“东游客”相连，不仅表现出离开友人后孤独的心情，而且进一步写出了思乡的意思。作者是甘肃庆阳人，到夏口已经是作客他乡了，如今不但不能归去，反而还要继续顺江东游。此时，“孤舟夜泊”，强烈的乡思不禁从心底陡然生起。于是，诗情发展至此，有力地逼出了最后一句：“恨杀（犹言恨死）长江不向西。”作者此刻是多么想乘着这江水，回舟向自己的家乡西北去啊，然而那无情的长江之水却在一点不顾地向东流去，与作者的意愿正好相反，难怪他要“恨杀长江不向西”了。这一句的想象十分奇特、大胆，看来不合情理，有谁能叫长江向西倒流呢？但它十分真切地表现了作者此时的强烈心愿，又入人意中，觉得合情合理。这种奇特、大胆的想象，使得结句具有指麾山川、力挽狂澜的豪迈笔力，也使全诗在一片黯然神伤的送别和愁苦的思乡情绪中，平添了雄豪的气概，读来感奋人心，从而在众多的送别和思乡的诗歌中，具有了自己的鲜明特色，成为难得的佳作。

重赠吴国宾

（明）◎ 边　贡

汉江明月照归人，万里秋风一叶身。休把客衣轻浣濯，此中犹有帝京尘。

边贡（1476—1532），字廷实，明山东历城（今山东济南）人。弘治九年（1496）进士。与李梦阳等号称“弘治十才子”。官至南京户部尚书。被劾，罢归。与李梦阳等倡导文学复古运动，为“前七子”之一。其诗风格飘逸，语尤清圆。有《华泉集》。

从诗意看，这是作者送友人由京师归江汉之作。因先已有诗送别，此为再赠之作，故题为“重赠”。七绝短小，尤重风调，不能不有一个饶有余韵的结尾，所以盛唐人对尾联特别考究。边贡的这首诗就深得唐绝秘传。诗的前两句直抒旨畅，是古人诗中习见的意境。其好处是很有限的。不过“明月”、“秋风”这些积淀有别情归思的语汇，增添了送行的惆怅；“汉江”“万里”和“一叶身”的对照，更形出客况的孤单。

本篇的妙处在三、四句，不可造次看过：“休把客衣轻浣濯，此中犹有帝京尘。”“帝京尘”语本陆机诗：“京洛多风尘，素衣染为缁。”陆诗意谓京都车马辐辏，风尘涨起，不免弄脏客子的衣服。后世士人厌倦仕宦，多用此事。由此看来，这个吴国宾混得不怎么样，不免素衣化缁。那么，其人归家后第一要事，就是浣洗客袍了。出人意料的是，诗人却叮嘱他莫要轻易洗衣，不洗的原因并非衣服还不大脏，而恰恰是脏：“此中犹有帝京尘。”这就有些匪夷所思了。

读者可以对照一下清人董以宁的《闺怨》：“流苏空系合欢床，夫婿长征妾断肠。留得当时临别泪，经年不忍浣衣裳。”诗的三、四句在构思上，与这首别诗可谓机杼相同。衣裳被泪痕湿透了，不好再穿，但又不肯洗，怕的是把泪痕洗掉了。这泪痕是当初临别的唯一痕迹，看见它可以勾起许多宝贵的回忆，所以弥足珍贵。而这首《重赠吴国宾》中的“帝京尘”，在诗中也属于同一道具，扮演着同一角色。它可以勾起许多辛酸的记忆，也可以勾起许多幸福的记忆。至少，可以作为彼此友情的一个见证吧。本篇的够味，全在于这一构思的别趣。

这两句使用否定性祈使语气，“休把”云云，可以强化语气和增强与读者的情感交流，形成一种唱叹的韵味。唐人亦深谙此中奥秘，“醉卧沙场君莫笑，古来征战几人回”（王翰）、“惊波一起三山动，公无渡河归去来”（李白）便是著例。这也是边贡此绝颇具风调的一个原因。

雨霁

（明）◎ 何景明

断雨悬深壁，余雷震远空。苍林横落日，碧涧下残虹。万井波光静，千家树色同。何因共朋好，归咏舞雩风。

何景明（1483—1512），字仲默，号大复山人，明信阳（今属河南）人。弘治十五年（1502）进士。官至陕西提学副使。与李梦阳等倡言复古，号称“前七子”。有《大复集》。

这是一篇写景咏怀的佳作。虽然只题作“雨霁”，而未说明是什么样的雨，但从写景中读者可以断定，那是春夏之际的雷阵雨。它来势迅猛，去得也很快。雷声还没有消失，雨脚就已停止，太阳出现在西方，虹彩出现在东方……这是一场使人快意的雷阵雨。

“断雨悬深壁，余雷震远空”，这是雨霁之最初的情景，只能持续一小会儿。能写这难写的刹那之意，妙在用了“断”、“余”、“悬”、“震”这四个动词。“断雨”的造语特别出奇，盖雨脚刚收，天下已经没有雨了，但檐间、树下尤其是山崖，雨还在滴。“断雨悬深壁”写的就是阵雨形成的积水难收的视觉现象。“余雷”一句则妙于捕捉住转瞬即逝的听觉现象，阵雨是随着风向而移动着的，“余雷震远空”说明雨已经下到远方去了。这种佳句，一靠灵感，二靠观察，不可向壁虚构。

“苍林横落日，碧涧下残虹”，这是雨霁的第二轮景象。诗句系倒装。“横”、“下”二字捕写日光、彩虹，亦见推敲精当。阵雨后天空没有了乌云，落日斜照青苍的树林。于是对面天空出现了一弯彩虹，其下垂的一端似乎直入碧涧，像要吸饮涧水的一条神龙（“横”即斜也）。

“万井波光静，千家树色同”，这两句从野外写到市井。“静”、“同”二字，是句中之眼，均能暗示出一些题前之景，言外之意。此时“万井波光静”，正见雨来时市井中大大小小的水池并不静。那时几乎都大水翻盆。只有雨霁之后，才平定下来，水面齐井口高。才出现“万井波光静”的宜人之景。“千家树色同”，则见雨前各处植物深浅程度不同。而经过一番大雨冲刷，全都呈现一片光闪闪的新绿，方才有“千家树色同”的怡目之感。在以上六句所写的雨霁美景的感召下，即使感觉迟钝的人，也会生出些亲近大自然的情绪吧！

“何因共朋好，归咏舞雩风”，这两句就抒写诗人由清景迷人而产生皈依自然的情绪。《论语·先进》载孔子请侍坐弟子各言其志。曾皙云：“暮春者，春服既成，冠者五六人，童子六七人，浴乎沂，风乎舞雩，咏而归。”所谓“舞雩”指鲁国祭天求雨场所（一说为女巫祭天求雨之舞）。孔子对他的这番话非常赞赏。当诗人面对雨霁清景陶然神往之际，他自然而然地想起了曾皙那番话，感到一种与古代圣贤情志相追随的会心的愉快。

这首五律在结构上完全打破了起承转合的程式，前六句紧扣题面写景，末二句以溢思作波。自是兴引笔随，东坡云：“作诗火急追亡逋，清景一失后难摹。”本篇正见作者捷才。

于郡城送明卿之江西

(明)◎ 李攀龙

青枫飒飒雨凄凄,秋色遥看入楚迷。谁向孤舟怜逐客?白云相送大江西。

李攀龙(1514—1570),字于鳞,号沧溟,明历城(今山东济南市)人。嘉靖二十三年(1544)进士,官至河南按察使,与王世贞同为“后七子”首领。论文主秦汉,论诗宗盛唐。有《沧溟集》。

嘉靖三十年(1551),吴国伦(字明卿)因忤奸相严嵩,被贬江西按察司知事。时作者闲居济南家中,诗即吴赴任途经济南时所作。

诗一开始就极力烘托送别气氛,意境音情皆类乎王昌龄《芙蓉楼送辛渐》“寒雨连江夜入吴,平明送客楚山孤”。这是初秋的渡头,“飒飒”的是秋风吹动枫叶的声音,使人联想到“白云一片去悠悠,青枫浦上不胜愁”的名句。送客的时候,又遇到天雨,更令人悒郁愁绝了。“青枫飒飒雨凄凄”句中两个叠词“飒飒”、“凄凄”都有绘色绘声的妙用。向行者所去的楚天望去,江天一片迷蒙。“秋色遥看入楚迷”,“遥看”二字点出目送远方的情态,一个“迷”字兼写出细雨蒙蒙的景象和送行双方心情的凄迷。在将气氛烘托已足的基础上,再转入明快的抒情,是王昌龄的绝招,李攀龙本篇也是这样作的。

“谁向孤舟怜逐客?”第三句一问提唱,点出行者及其谪迁的身份,同时把遭受政治打击迫害者的孤独困厄的处境和盘托出。“孤舟”是实有其物,又是迁客孤危之象征。“谁向”的一问,可见当时能公开表示支持同情正义者不多。反过来也见出作者不避嫌疑,公然对明卿表示同情,有雪中送炭的作用。在严嵩当道,充满恐怖的政治气氛下,这种态度本身就是对权奸的一种反抗,不必挑明,弥足珍贵。由问句跌出最末七字,是个更耐人玩味的浑含诗句:“白云相送大江西。”

这“白云”就是“白云一片去悠悠”的“白云”,它可以是游宦的一个象征,也可以是他的一个陪伴,就像“草色青青送马蹄”的“草色”。虽然只说“白云相送”,事实上还有作者本人的目送,两意叠加,就是李白所说的:“我寄愁心与明月,随君直到夜郎西。”末二字“江西”前加一个“大”字,可不是随便凑字数的,它可以读作“大江——西”,意即江西,但又失去地理专有名词的意味,成了一种景色,一个方向,可以唤起视觉印象;也可以读作“大——江西”,那又直接是对朋友去向的一个赞美,也就是为朋友长志气,对权奸投以蔑视。末三字便是同一机抒。有了这个“大”字,才是“豪唱”的意味呢。

李攀龙致力于学唐,这首七绝精心烘托气氛,用提唱方式抒情,明快而含蓄的结尾,神似唐音,出入于李太白、王少伯之间,可以窥见作者熔铸之功力。

送妻弟魏生还里

（明）◎ 王世贞

阿姊扶床泣，诸甥绕膝啼。平安只两字，莫惜过江题。

王世贞（1526—1592），字元美，号凤州、弇州山人，明太仓（今属江苏）人。嘉靖二十六年（1547）进士，官至刑部尚书。与李攀龙、谢榛、宗臣、梁有誉、吴国伦、徐中行为“后七子”，倡导摹拟复古，晚年始有改变。才学富赡，著述宏富。有《弇州山人四部稿》、《弇山堂别集》、《艺苑卮言》等行于世。

这首诗用极朴质的文字记录了家庭生活中极其普通的一个离别场面。作者的妻弟魏生在姊夫家住了一段时间，就要离别，回自己老家去了，然而他已和姊夫一家处得非常融洽，这一走，简直牵动了全家人的心。姐姐扶着座椅垂泪，而外甥们则绕在他的膝前，哭的哭，嚷的嚷。可以看出，这魏生是个讨人喜欢的人，所以一家子都舍不得他走。面对这场面，诗人不能平静的心情跃然纸上。

“平安只两字，莫惜过江题”，前两句写一个场面，后两句则写一声叮咛。这一声也许是从姊夫口中道出的，却代表了全家人的心情：过了江，别忘了写信来，报个“平安”啊！从“只两字”、“莫惜”等语可会出，叮咛者是生怕对方会忽略忘记此事的。这就细腻地表现出亲人之间的深切关心。因为关心才不太放心，所以一定要对方捎个信，哪怕只短到“平安”两字也行。“马上相逢无纸笔，凭君传语报平安”，对于游子，亲人所最期盼的，不正是“平安”二字么？

建立在血缘关系上的亲情，是我们民族文化心理结构的一个重要组成部分。通过如此简练的文字，将其表现为这样一个具体生动的情景，则是本篇的成功之处。在历代送别诗中，它也算得是不落窠臼、新颖别致的作品。

靖公弟至

（清）◎ 周亮工

荒城独坐对灯残，归计先愁百八滩。尔又远来我未去，高堂清泪几时干。

周亮工（1612—1672），字元亮，一字缄斋，号栎园，祥符（今河南开封）人。明崇祯十三年（1640）进士，官监察御史。降清后累官至户部右侍郎。康熙初，被劾论绞，遇赦得释。工诗文，好士怜才，一时遗老多从之游。有《赖古堂集》。

这是周亮工写的一首“游子吟”。诗人当时寓居在离家乡很远的僻静的小城，正准备要动身回家。“荒城独坐对灯残，归计先愁百八滩”，既是独对残灯，可见更深无眠，愁思正浓。“先愁”二字值得玩味，这一是说还没有上路，已经在为道里迢递，水程险恶发愁了；另一重意味是可愁之事尚多，愁路仅其一也。“百八滩”极言险阻之多，暗示出在外谋生之不易。盖其离家后早已饱尝辛苦，故未行而令人生畏。在这样犯难的时候，其弟靖公远道而来，兄弟见面当然高兴，只可惜老弟来得很不是时候。他为何而来，诗中没有交代，但诗人隐隐的担心流露于字里行间。

“尔又远来我未去，高堂清泪几时干”，上句直陈中潜伏着一种埋怨的口气。如果弟弟是专来探望兄长的，在诗人看来便多此一举。如果弟弟是远游顺道来访，在诗人看来更有不该。古人云：“父母在，不远游。”为兄的远游，是因为有弟在父母（高堂）身边的缘故。而在“我未去”时“尔又远来”，岂不是太欠考虑了么？诗人最担心的就是二老，没有儿子在身边将何以为情！该让他们怎样惦念！“高堂清泪几时干”，最素朴的语言，表达的却是一种至为深切的赤子之心，天伦之爱。故沈德潜只能赞曰：“本篇情之真者。”

自古以来我们民族就重视亲缘之爱，“谁言寸草心，报得三春晖”（孟郊）是警句，“当家方知柴米贵，养儿才知父母情”是俗语。而周亮工这首即事偶成之作，则以更加自然无饰的方式，通过一个特定情境，表达了人子对于父母的孝心。那是在兄弟见面后的交谈中，自然流露出来的。尽管见面后，诗人尽量克制着不快情绪，尽量不让兄弟难堪，但那出自内心的不满还是无可掩饰地表现出来了。诗的第三句“尔又远来——我未去”以句中排的形式做成唱叹，相应的动作是两手一摊，句式亦作倒装腾挪，音情顿挫，增添了诗的感染力。

南柯子

（清）◎ 毛奇龄

淮西客舍接得陈敬止书，有寄。

驿馆吹芦叶，都亭舞柘枝。相逢风雪满淮西。记得去年残烛照征衣。　曲水东流浅，盘山北望迷。长安书远寄来稀。又是一年秋色到天涯。

毛奇龄（1623—1673），字大可，号初晴，郡望西河，浙江萧山人。早年参加过抗清活动，后归隐。康熙十八年（1679）应博学鸿词科，授官翰林院检讨。长于经史之学。有《西河合集》。

淮西，指淮河以西，毛奇龄一度羁留此地。作本词前一年，奇龄与友人陈敬止会于淮西驿馆，后敬止北上京城。今得敬止书来，奇龄作词以寄。

作者不直接用“离愁”和“相思”等字眼，而此词无处不写离绪、相思。

上片用倒叙法忆去年相逢情景。“驿馆”二句，写在驿馆都亭相与观赏歌舞。这是朋友契阔的片时欢悦。“驿馆”、“都亭”（即传舍，客人停集处）二词之用，在此蕴含行旅意绪。“芦叶”，指芦笳，又称芦管，以芦叶为管，安装哨簧做成。芦管原为胡人发明，历史上出塞之人多以之吹奏思乡，积淀下其声悲凉的内涵。唐李益《夜上受降城闻笛》：“不知何处吹芦管，一夜征人尽望乡。”元人王逢《题蔡琰还汉图》：“哀衷莫尽芦笳曲。”“柘枝”，舞曲名。聚散场所，歌舞娱客，与其说是为欢，不如说是送别。“相逢”句，补出时节、地点。“风雪”、“满”，状写环境，渲染气氛。“记得”句，点明前三句所写为去年事，同时又加叙事情。“记得”既是表明倒叙之词，又意谓难忘。“残烛照征衣”，去年对床夜语情景，历历在目。“征衣”又与“驿馆”、“都亭”、“风雪”等呼应，生发出行色辛苦的意蕴。

下片写盼友人书信情景，扣题接得书信之事。“曲水”二句，写敬止北去后，词人的思念、盼望。“曲水”，唐都城长安曲江，文人常游集之地，代指敬止在北京的盘桓之处。“盘山”，在北京蓟县城西北二十余里，为京东名胜。“浅”字形容水清，清则可赏；“迷”字形容望之不见，不见则生惆怅。“长安书远寄来稀”，此句写盼书信、得书信，怨、喜之情集于一句之中。“长安”与“曲水”呼应，均代指北京。“远”（以及下句相呼应的“天涯”）是书信“稀”的客观原因，但是思友深切，主观上希望书信来得频繁。因来得少，故生怨；不怨朋友，只怨天远地远。“稀”字表明少，少不等于无（如果无，便断了希望，“盼”就失去了意义），这次终于盼到了，总是一喜。结句“又是一年秋色到天涯”，谓书信来的时节，就是与去年相会临近的时节。于“秋色”之中，“天涯”之遥，得友人书，总算是慰藉。虽不能像去年那样相聚，收到了书信，权当是与友人面晤吧。

离情别绪充盈在字里行间，呼应亦周到，运思多巧，可见词人匠心。

陈维崧(1625—1682),字其年,号迦陵。江苏宜兴人。早慧,幼年有神童之称。康熙十八年(1679)应博学鸿词科,授翰林院检讨,参加修《明史》。尤长于词及骈体。有《迦陵文集》、《迦陵词》、《湖海楼诗集》。

别紫云

(清)◎ 陈维崧

二度牵衣送我行,并州才唱泪纵横。生憎一片江南月,不是离筵不肯明。

这是陈维崧赠别歌女之作。“二度牵衣送我行”,十分简洁地交代了重逢再别的情事和两人的关系。人间离别本来就是难堪的事,何况这离别又发生在情人之间。“牵衣”的动作暗示出两人的感情依恋之深。重逢本来是可喜的事,而重逢再别则别有一般滋味。常言道“别易会难”,一别重逢不知几年,这次再别,不知又要几年。昔别彼此年纪皆轻,此别彼此都老大几岁,谁知往后还能相见几次?“二度”云云,况味是很复杂的。

《并州歌》属古杂歌谣辞,此泛指用边州曲调谱写的歌辞,其内容当与离别相关。“才唱泪纵横”,是写紫云情不自禁,为别情所苦。诗人心中也不是个滋味,这时他突然感到这夜的月光很明,明得有些异样。月色是美好的,但为什么一定要在情人分离之际这样美好呢?诗人不禁有些埋怨了。

“生憎一片江南月,不是离筵不肯明”,二句用极主观的口吻,埋怨明月的无情。其实月本无情,不关人间别离之事。“人有悲欢离合,月有阴晴圆缺,此事古难全”(苏轼)。诗人偏偏认为它的无情并非如此,是在有意与人作对,“不是离筵不肯明”赋无情以有情——一种令人难堪之情。事实上,情人相聚的日子,情也依依,意也依依,是不会特意分心去计较月色明亮程度的,唯独在离别时才对环境特别敏感,凄风苦雨固然使人增加忧愁,光风霁月也会从反面兴起“良辰好景虚设”的遗憾。本篇所写,就是后一种境界。

“生憎”一辞,系唐人口语,出刘采春唱《罗唝曲》:“不喜秦淮水,生憎江上船。载儿夫婿去,经岁又经年。”其实是夫自去,水自流,两无关涉的事。歌中人却牵怨于“秦淮水”与“江上船”,与本篇“生憎一片江南月”一样,无理之至却情味隽永。

金缕曲(其二)

(清)◎ 顾贞观

寄吴汉槎宁古塔,以词代书。丙辰冬寓京师千佛寺冰雪中作。

我亦飘零久。十年来、深恩负尽,死生师友。宿昔齐名非忝窃,试看杜陵消瘦。曾不减、夜郎僝僽。薄命长辞知己别,问人生、到此凄凉否?千万恨,为君剖。　兄生辛未吾丁丑。共些时、冰霜摧折,早衰蒲柳。词赋从今须少作,留取心魂相守。但愿得、河清人寿。归日急翻行戍稿,把空名料理传身后。言不尽,观顿首。

顾贞观(1637—1714),字华峰,号梁汾。江南无锡(今属江苏)人。清康熙十年(1671)举人。官内阁中书。与纳兰性德友善。有《弹指词》。

顾贞观营救友人吴兆骞(字汉槎)事,在清代文坛广为流传。《金缕曲》(二首)作于吴兆骞获救前四年,因为它的感人,在救吴过程中发挥了重要作用。

清顺治十四年(1657),江南乡试主考官方猷等人作弊,案发,参加了本次考试并已中举的吴兆骞,无辜受累,被遣戍宁古塔(在今黑龙江宁安县)。顾贞观与吴兆骞为挚友,少即以文才齐名,兆骞遣戍后,二人保持有联系,贞观常思营救。丙辰(1676)年,贞观至京师,馆于太傅纳兰明珠家。是年冬寓京师千佛寺,冰雪中作了《金缕曲》二首,以词代信,寄兆骞。这两首词随后被明珠长子纳兰性德读到,大为感动,泣下数行,比之“河梁生别之诗,山阳死友之传,得此而三”(贞观附志),恳求其父帮助。兆骞终得释还。

第一首写吴兆骞在绝塞的艰苦,并寻理由给予安慰,最后表达营救的承诺。

第二首即本词。上片叙自身凄凉,不隐心迹,“我亦飘零久”三句,向朋友陈述自己的遭遇,同时也有“检讨”意,表达救友不力的愧疚,实心有余而力不足。“宿

昔”三句说，从前我们二人齐名，今天想来我还真不算忝窃其名——看我之落魄消瘦，并不比你遭流放所受的折磨少呢。但是话说得很巧妙曲折，用李白、杜甫二人的遭遇、苦况作比，极为贴切，也极为沉痛，让人联想到诗人不幸，竟是如此雷同。而李、杜深挚的友情关系，尤其是李白屈遭流放夜郎后，杜甫对李白的理解和关切，亦使人联想及之，顾、吴可比。“薄命”二句，进一步具体叙说自己“不减”兆骞之苦：妻丧亡，友远别。妻亡之痛，贞观另有《金缕曲·悼亡》可参看。相较而言，兆骞遣戍宁古塔后数年，其妻葛采真前往相伴，相濡以沫，生育子女，亲情相依，《金缕曲》第一首中便有“数天涯、依然骨肉，几家能够”的安慰语。而贞观境地，自道“凄凉”，谁谓不然？“千万恨，为君剖”，总括恨多，有说到的，还有更多没说到的，一并概之。对本已自有无穷苦恨之人言恨，无非知己间的推心置腹、倾吐释放而已。于对方，亦有疏导之作用。下片转换意思，首先关合二人，“兄生辛未”三句，谓我们的实际年龄尚不算老，但都因为受到了许多人事摧折而体质早衰。言外之意是要对方保重，度过逆境。于是接着道：“词赋从今须少作，留取心魂相守。”兆骞擅词赋，但是作词赋劳心，尤其兆骞那些多写苦寒、悲恸的沉郁顿挫之作，特别伤神。叮咛“留取心魂相守”，肺腑之言，情何殷切！“但愿得、河清人寿”，憧憬来日，给人希望、鼓励，暗示营救必能成功之意。再以“归日急翻行戍稿，把空名料理传身后”，坚定其意志。书传身后，正是千百年里中国文人的心头大事，所以这一句极富于精神召感之力量。贞观设语，“只如家常说话”（陈廷焯《白雨斋词话》），寻绎却见苦心孤诣，全在朋友一身。兆骞获得释还后，果然将在边地所作编为《秋笳集》，传于后世。

词甚感人，谭献《箧中词》评曰：“使人增朋友之重，可以兴矣。”陈廷焯《白雨斋词话》曰：“纯以性情结撰而成，悲之深，慰之至，丁宁告戒，无一字不从肺腑流出。可以泣鬼神矣。”是为允评。

津门官舍话旧

（清）◎ 邵长蘅

对床通夕话，官舍一灯红。十年存殁泪，并入雨声中。

邵长蘅（1637—1704），字子湘，号青门山人。康熙年间游历京师，广泛交游，终身未仕。有《青门集》。

本篇作于康熙二十五年（1686）再度落第后。诗人时年五十，痛心道："吾大错！吾五十青裙媪，犹从少年为倚门状耶！"后终身未居官。诗即作于他由京返乡路过天津时。诗人在天津官邸拜会友人，从"十年存殁泪"一句看，他们应该是阔别多年的老友了，所以一聊起来就没个完。诗中写的就是这一次难忘的会见，一次彻夜的长谈。

"对床夜语"包含一个故事：苏轼兄弟于风雨之夜，常对床夜话，倾心交谈。事见苏辙《逍遥堂会宿》诗序。但类似情景唐人已有："能来同宿否，听雨对床眠"（白居易《雨中招张司业宿》），"每思闻净话，雨夜对禅床"（郑谷《谷自离乱之后》）。后人常用这一现成情景或思路，形容好友、兄弟的聚会及欢乐之情。"对床通夕话"既是"津门官舍话旧"的实际情景，又含有上述故事，故味厚。

接下去似乎应该写点"通夕话"的具体内容。然而诗人却暂时撇开，推出了一个镜头："官舍一灯红。"这就从具体交谈中跳出来，使读者审视当夜的情景。这津门官邸的红烛，一夜未灭。它不仅暗示了老友阔别重逢，有叙不完的旧谊，同时也暗含有"夜阑更秉烛，相对如梦寐"（杜甫）、"今宵剩把银釭照，犹恐相逢是梦中"（晏几道）那样的情景，写出阔别重逢的欣喜和困惑。

诗人年过半百，老友年纪应该也不轻。过去的故交旧人，该有多少变化，这显然是"话旧"的主要内容。彼此见面，必然要打听一些老朋友或对方亲人的情况，而其中必然有已经作古的人，有虽未作古而十分潦倒穷愁的人。有的事诗人早已闻知，有的事则是第一次听到，彼此必然又有一番感慨，乃至下泪。这就是"十年存殁泪"五个字包含的内容。它说明而不说尽，却又推出一个镜头："并入雨声中。"风雨之夜给人的感觉是异样的，一片雨声掩去了人世的声音，使夜显得特别深沉。雨夜是天然适宜于话旧、怀旧的场景。诗人巧妙地借这雨声，轻轻掩去了"十年存殁"的具体交谈内容，从而发人深思。

由上述分析，可以看出本篇两个特点：一是抒情叙事的概括性，"对床通夕话"、"十年存殁泪，"点到为止；二是用景象对情事作挽结，不了了之，"官舍一灯红"、"并入雨声中"，皆有染的妙用。概括、点染之间，境界出焉。

客发苕溪

（清）◎ 沈德潜

客心如水水如愁，容易归舟趁疾流。忽讶船窗送吴语，故山月已挂船头。

沈德潜（1673—1769），字确士，号归愚，长洲（今江苏苏州）人。乾隆四年（1739）进士。官至内阁学士兼礼部侍郎。论诗主格调说，宗汉魏、盛唐。辑有《古诗源》、《唐诗别裁集》、《明诗别裁集》、《清诗别裁集》。有《沈归愚诗文全集》。

苕溪是流经作者家乡吴兴的一条水名。看来诗人离家很久了，倘非少小离家老大回，至少是乡音久违，归心如箭。“客心如水水如愁，容易归舟趁疾流”，写出一种特殊的旅况，即行者归心似箭，而行程又一帆风顺，不是“三朝三暮，黄牛如故”，字里行间只是一个“快”字。

首句是两个比喻，两个“如”字有回文顶针之妙。客心就是客愁，“客心如水水如愁”，便是客愁如水，水如客愁。两个比喻中，本体、喻体互换，大有不知愁多还是水多，不知愁长还是水长的意味。这就把“问君能有几多愁，恰似一江春水向东流”（李煜）、“无边丝雨细如愁”（秦观）两种意思融于一句之中。读下句，读者还会发现上句的取喻，还有不知客心与水孰快一义：“容易归舟趁疾流。”客子归心似箭本来迅疾，而苕溪水流似更迅疾，所以“归舟趁疾流”大有顺利之感，真乘奔驭风不以疾也。

“忽讶船窗送吴语，故山月已挂船头”，写船已到家的瞬间感受。既是归心似箭，到家应高兴才是，何来“忽讶”？原来是想象不到船有这样快呀！尽管“容易归舟趁疾流”，已表明船行甚速，但客子还是没有想到旅程这样顺利。这反过来说明他的乡思很切，到家都不敢相信。反常的表现又恰恰合于人们普遍具有的一种疑虑心理。同时，苕溪归程太令人愉快了，所以客愁有所转移，一时没有想到，船就忽然停了，只听得舟子高喊：“到站了！”使诗人反觉得太忽然，几乎不敢相信。

然而，第一个证实的信息作用于听觉，“船窗送吴语”，那是家乡话呀！在中国的方音中，还有什么比吴语更轻柔软媚的呢？第二个证实的信息则作用于视觉，诗人把头伸出窗外，看到明月照着吴兴城的夜景，还有什么比这更迷人的呢？客子心中，何等激动！诗人不直说“故山”，而说“故山月已挂船头”。故山月与他乡月有什么不同？诗人却能一眼认出，这就故山之月！“月是故乡明”（杜甫）呀！到家的愉快感觉，便由此和盘托出了。

长相思

（清）◎ 纳兰性德

山一程，水一程，身向榆关那畔行，夜深千帐灯。
风一更，雪一更，聒碎乡心梦不成，故园无此声。

此词乃康熙二十一年(1682)，纳兰扈驾出关，祀长白山，北行之作。前此词人已多次随康熙出巡，与友人张纯修书云：“弟比来从事鞍马间，益觉疲顿，发已种种，而执殳如昔，从前壮志，都已隳尽。”词情亦不免消沉。

榆关即山海关，是此行必经之地。道里遥阔，途中不免宿营。词人撇开卤簿旌旗车骑之盛不写，专拣“夜深千帐灯”写之，通过特殊景观，表现出皇帝外出的气派，堪称大气包举，与杜甫《后出塞》“落日照大旗，马鸣风萧萧。平沙列万幕，部伍各见招”的写法，有异曲同工之妙。

气候严寒，风雪交加，帐中的滋味可想而知。睡不着，一是因为冷的缘故，一是因为闹的缘故。风在闹，雪也在闹，这种况味，只有关外才能体会。“故园无此声”，看起来是一个事实的陈述，其实是说“在家千日好”的意思。尽管“梦不成”，词人的一片“乡心”，已经形象地得到了表达。

纳兰性德(1655—1685)，初名成德，字容若，号楞伽山人。满洲正黄旗人，武英殿大学士明珠之长子。康熙十五年(1676)进士，选授三等侍卫，寻晋至一等。年三十，病卒。有《通志堂集》、汇辑本《纳兰词》。

浣溪沙

（清）◎ 纳兰性德

谁念西风独自凉，萧萧黄叶闭疏窗，沉思往事立残阳。
被酒莫惊春睡重，赌书消得泼茶香，当时只道是寻常。

此词是纳兰悼念亡妻卢氏之作。卢氏于康熙十三年（1674）出嫁，婚后三年，死于难产。此事对词人刺激之深，是可想而知的。

上片写深秋黄昏，写对亡妻的思念，情景交融，倒也罢了。下片尤其是后两句，却好得紧。“赌书泼茶”，事见李清照《金石录后序》，文中回忆当年夫妻二人的小日子道：“每饭罢，坐归来堂烹茶，指堆积书史，言某事在某书某卷第几页第几行，以中否角胜负，为饮茶先后。中即举杯大笑，至茶倾覆怀中，反不得饮而起。甘心老是乡矣！故虽处忧患困穷而志不屈。”用此典，则可见词人当年家庭生活的淡泊与温馨，夫妇之间情甚相得。

“当时只道是寻常”，换言之即“而今思量不寻常”。常言道：平平常常总是真。然而，人们处在平平常常之中时，又往往因为“只道是寻常”的缘故，并没有感觉到它的可贵。只有当你失去了它之后，你才会深深地感到它的不同寻常。这就是生活，这就是词人对生活的体验。“而今思量不寻常”，是直陈的表达法，“当时只道是寻常”是曲折的表达法，读时须从反面会意。而词的表达法，以避免直陈为佳，奇语、凡语，常在一转间。“当时只道是寻常”句的妙处，就是从寻常之中见不寻常。

贺新郎·赠王一姐

（清）◎郑　燮

竹马相过日。还记汝、云鬟覆颈，胭脂点额。阿母扶携翁负背，幻作儿郎妆饰。小则小、寸心怜惜。放学归来犹未晚，向红楼、存问春消息，问我索，画眉笔。　　廿年湖海长为客，都付与、风吹梦杳，雨荒云隔。今日重逢深院里，一种温存犹昔。添多少、周旋形迹。回首当年娇小态，但片言、微忤容颜赤。只此意，最难得。

郑燮（1693—1765），字克柔，号板桥，江苏兴化人。乾隆元年（1736）进士。历任山东范县、潍县知县，有政绩。后因赈济饥民而忤上司，以病乞归，寄居扬州。为画坛“扬州八怪”之一。有《郑板桥集》。

郑板桥有一方印章，曰“二十年前旧板桥”（见于板桥自刻本《诗钞》）。这寄托了他的什么意思？这句诗出自于刘禹锡的《杨柳枝词》，全篇是：“春江一曲柳千条，二十年前旧板桥。曾与美人桥上别，恨无消息到今朝。”诗的内容与情事有关。那么郑板桥刻这一方印章，是否也有着自己的一段刻骨铭心的情事呢？板桥词透

露了个中消息。这首赠王一姐的《贺新郎》词，最为明显。

在中国的封建时代，少男少女接触的机会有限。相对说来，中表关系的兄弟姐妹之间，因亲戚走动来往，接触机会要多一些，所以古代有一些由表兄妹情谊发展到自由恋爱的故事。板桥与王一姐，应属一对表兄妹（板桥《踏莎行》有“中表姻亲，诗文情愫。十年幼小娇相护”、“藕丝不断莲心苦”等语）。他们小时候能常在一块儿玩，青梅竹马，两小无猜。一姐娇小可爱，“云鬟覆颈，胭脂点额”，甚至有些顽皮，打扮成男儿模样，“阿母扶携翁负背，幻作儿郎妆饰”，儿时情景，刻画得如此惟妙惟肖，可见板桥记忆之真切。板桥当时以表哥身份，对这个小妹呵护有加，“小则小、寸心怜惜”。双方随着年龄的增长（板桥《虞美人·无题》有“盈盈十五小人儿”语），又相处日久，情窦初开，板桥“放学归来犹未晚，向红楼、存问春消息”，而一姐亦“问我索，画眉笔”。“春”字极含蓄；索画眉笔，则藏无穷意趣。陈廷焯《词则·闲情集》评本词“意芊婉而语俊爽”，指的就是这些地方。

可是二人终未成眷属，遗恨无已。后来板桥行走于江湖，“廿年湖海长为客，都付与、风吹梦杳，雨荒云隔”，二十年未有见面的机会。但此情未尝忘怀，哪怕“都付与、风吹梦杳”，徒然无益。板桥依然葆有从前的一片纯情、痴心，当然希望一姐亦如是。二十年后，有了重逢的机会，“今日重逢深院里，一种温存犹昔”。这次久别重逢，“添多少、周旋形迹”，复令板桥“回首当年娇小态，但片言、微忤容颜赤”，因为那时多么纯真，“只此意，最难得”。板桥《虞美人·无题》亦云：“还将旧态作娇痴，也要数番怜惜忆当时。”可以对读。

“二十年前旧板桥”，板桥是多么痴迷于过去这段纯真之情。早年的表兄妹情谊，是后来发展为恋情的坚实基础。板桥是认真的，他“懂事”以后，就没有当做孩子玩家家来对待。所以他始终走不出二十年前的情网，也甘愿沉醉在其中。

大姊索诗

（清）◎ 袁 枚

六旬谁把小名呼，阿姊还能认故吾。见面恍疑慈母在，徐行全赖外孙扶。当前共坐人如梦，此后重逢事恐无。留住白头谈旧话，千金一刻对西湖。

袁枚（1716—1797），字子才，号简斋，又号随园老人，钱塘（今浙江杭州）人。乾隆四年（1739）进士，授翰林院庶吉士。历任溧水、江浦、沭阳、江宁等地知县。辞官后，于江宁小仓山筑随园，以诗酒为娱。诗倡性灵说。有《小仓山房诗文集》、《随园诗话》等。

袁家多才女，袁枚母亲章氏、姑母沈氏皆懂诗文，尝以教袁枚及其姐妹等人；长姑姚母“外出为女傅，康熙间，某相国以千金聘往教女公子”；袁枚之妹妹袁机、袁杼，孙女袁嘉、袁淑、袁绶等，均有诗名。这位大姊，比袁枚约大十岁，也是性情高雅之人，袁枚 56 岁时所作的《还杭州五首》有言：“骨肉只一人，阿姊十年长。叩门往见之，白发垂两颡。闻声知弟至，迎出精神爽。”袁枚 64 岁再回钱塘老家时，大姊已 70 多岁，还饶有兴趣地向弟弟索诗。姐弟情谊既深挚，趣味亦不同于流俗，所以此诗绝非普通应酬之作。

首联从呼小名引出中心人物“大姊”。袁枚 60 岁时尝有诗道：“尽凭朝士呼前辈，尚有慈亲唤小名。”（《六十》）至 64 岁时，长辈已尽逝，有资格呼袁枚小名者，大姊而已。呼小名，是从姊的角度来显示姐弟之情如从前未成年时一般，亲密无间，无丝毫社会和家庭之地位尊荣等世俗气。大姊为人之爽朗，亦由此可见。称“阿姊”，是从弟的角度，尽显亲切与感念，饱含亲情。首联有多层话外音，阿姊还能认得从前的我，可知我在阿姊心中未曾被淡忘；“故吾”旧貌宛在，则从前童稚纯真之德性亦存焉；阿姊眼力、智力未衰，吾家之喜也。颔联写阿姊神态，谓看到眼前阿姊，仿佛慈母在世一般；但是她走路迟缓，全靠外孙扶持了。此联喜、悲交集，形象感人。人皆有母，而袁枚母子感情有深于常人处。原来父亲袁滨常年游幕在外，袁枚及姐妹从小靠母亲章氏抚养、教育成长。在袁枚眼中，母亲是这样一个人：“上奉大母，旁养孀姑，下延师教枚，半取给于十指间……其教枚也，自幼至长，从无笞督，有过必微词婉讽，如恐伤之……针黹之余，手《唐诗》一卷，吟哦自娱。童仆微劳，必厚犒之，邻里贱妪，必礼下之。”(《先妣章太孺人行状》)袁枚是独子，从小生活在一群有德、有才、有雅致的女人中，养成性情里有一种对女性的超越世俗的好感与尊重。阿姊有母亲之慈容、慈音、慈爱与喜诗的遗风，今见姊便如见母亲。“恍疑”一词，绝妙地刻画出真幻并存的情景。如此写来，对母亲的怀念，对阿姊的深情，都在诗行间了。由阿姊年老行动不便，逗起感伤，自然顺势引出颔联“当前共坐人如梦，此后重逢事恐无”来，无限低回之中，又分明蕴含着一种饱经人生阅历后的明智、通达。故尾联作振起语，谓珍惜眼下相聚时的光阴，面对碧波荡漾的西湖回忆往事，多少美好时光、诗情画意浮现啊！此以宽慰阿姊，亦自我宽慰。结句不但景中寓情，而阿姊雅怀亦复现焉，仍为阿姊传神写照，真是知姊莫如弟啊。此诗情感真挚，全从肺腑流出，阿姊是懂诗之人，自然深情领受矣。袁枚之诗歌创作主性灵，抒写真情，本诗亦为一成功范例。

别老母

（清）◎ 黄景仁

搴帷别母河梁去，白发愁看泪眼枯。惨惨柴门风雪夜，此时有子不如无。

黄景仁(1749—1783)，字汉镛，一字仲则，号鹿非子，江苏武进人。早孤家贫，曾游安徽学政朱筠幕。乾隆三十年(1765)秀才。清高宗南巡召试名列二等，以英武殿书签，例得主簿。后授县丞，未到任而卒。有《两当轩全集》。

世间之爱，唯有父母的无私是出乎天性的吧？所以有“痴心父母古来多”、“爱子爱女，情在理中”之说。儿女长大，将远离膝下，父母总是一面放心不下，一面又恨不得其远走高飞，万千心思，总在无灾无病、一路顺风的祝福中。但逢游子远道归省，固有一番欢喜。当其复离，又不免思及别易会难，倍增感怆！而诗中写的是一位卧病在床、白发苍苍的老母，面对掀开帐帷和她道别的儿子，想到他就要在这个风雪之夜重上河梁，两行昏黄的老泪便从紧闭的眼角淌下来，其心情之惨苦又将如何啊？

世人谁不为儿为女？有子不如无，是说不过去的。但诗人用“此时”加以限制，道“此时有子不如无”，则成为警策之语。生子难以养活，如乱世之饥民；生子不肖，堕落为挽歌郎与乞食者，如唐时荥阳公；生子附逆，置家国利益于不顾，如吴襄等等；都会有“此时有子不如无”的沉痛吧。本篇又不然。

诗中冬夜卧床的老母，牵肠挂肚的是生离死别割舍不掉的亲子之爱，她哪会埋怨“此时有子不如无”呢？本篇的“此时有子不如无”，不是出于老亲的痛心，而是出于人子之心的羞惭。对于老母，非但不能厮守赡养，反而造成其别子之痛，正是“生我不得力”。“此时有子不如无”，乃出诗人的自我谴责，转觉沉痛深至。世间有老亲卧病却天各一方，不能亲侍汤药而赡养之者，读本篇当有同感。

赵关晓（？—？），清诗人，字开夏，浙江归安人。诸生。

赠　友

（清）◎ 赵关晓

不向人间留姓名，草衣木食气峥嵘。山深虎出伥声急，夜半长歌空手行。

这篇题为《赠友》的绝句，所赠何人，从诗的第一句可知作者是不肯透露的了。此人非无姓名，只是“不向人间留姓名”。一句话就表现出一种推倒千古的价值观念。什么“豹死留皮，人死留名”、“心知去不归，且有后世名”，历来被视为人生最高追求目标之一的东西，这位老兄却是不屑一顾的。“不向人间”四字，大有举世皆浊、我行我素的气派。

“草衣木食”这个平中见奇的造语，表现出自甘淡泊的情怀。粗茶淡饭，亦足饱饥；素朴衣服，自具风流。而这种俭朴生活同时也是一种摄生之道。看来这人善养浩然之气，从“气峥嵘”三字可以大体领略其神情气貌。读者猜想，这人必是一个修行有术、身怀绝技之士。

“山深虎出伥声急，夜半长歌空手行”，诗人撇开其人别的行事不说，专拣敢在猛虎出没的深山老林走夜路一个细节写来，真是兴会神到、画龙点睛的妙笔。前句夸张地写山中深夜之险恶：不仅是山，且是深山；不仅有猛虎，还有专门引诱人给虎吃的伥鬼，真是险上加险。不说虎声急，而说“伥声急”，转令人毛骨悚然，亦是奇笔——盖伥比于虎，以无形而尤可怖也。

突出山中的险恶目的，在于烘托诗中主人公胆力之非常。末句则从容叙写行路人的胆气。他不但夜半走，而且空手走；不是悄悄地走，而是唱着歌儿，大步流星地走。这是怎样一种豪爽的作派！“长歌空手行”之妙，在于绘声绘色，形容尽致。放歌而行，给人感到的是浩然正气。

一个远离人间的草泽之士和环绕他的深山老林，构成了一个象征的境界，使人联想到世上有“虎”，有为虎作伥的人，“江头未是风波恶，别有人间行路难”，只有那些不图名，不求利，不贪色，不怕鬼，不信邪，行得直，走得端，而又身怀绝招的人，才能够畅行无阻。这首诗便是为如此豪杰所作的“正气歌”。